EL PODER

de una

MENTE

TRANSFORMADA

EL PODER

de una

MENTE

TRANSFORMADA

Autoridad Personal, Empoderamiento para Influenciar
y Fe Inmutable

Otoniel Font

WHITAKER
HOUSE
Español

Editado por: Ofelia Pérez

El Poder de una Mente Transformada
Autoridad Personal, Empoderamiento para Influenciar y Fe Inmutable

ISBN: 978-1-62911-971-7
Ebook ISBN: 978-1-62911-972-4
Impreso en los Estados Unidos de América.
© 2017 por Otoniel Font

Whitaker House
1030 Hunt Valley Circle
New Kensington, PA 15068
www.whitakerhouseespanol.com

Dedicatoria

A los pastores felices, Robert y Marta Gómez.

Simplemente… ¡Gracias!

Agradecimientos

Cada día de mi vida me levanto dando gracias a Dios por haberme concedido el privilegio de predicar su Palabra, y por su favor sobre mí, mi esposa y mis hijas.

Las grandes victorias de nuestro ministerio que han coincidido con el proceso de publicación de este libro me llevan a dar gracias al Señor, de una manera específica y especial, por su inmutable fidelidad, y porque ha honrado y honra mi fe de maneras extraordinarias, más allá de lo que he creído, he sabido, he pensado y he imaginado. Somos testimonio vivo de cómo Dios obra a favor de quienes le aman y le siguen en todo tiempo, sin dudar, en medio de cualquier circunstancia.

Ser un instrumento para transformar vidas a través de la Palabra es mi llamado. Dios ha puesto en mi camino a pastores y organizaciones que son facilitadores de esta misión. Les extiendo una profunda gratitud a ellos, y a los hermanos hispanos que me reciben y acuden a escucharme en Guatemala, México, Colombia, Perú, Argentina y otros países latinoamericanos que visito. Juntos cumplimos el mandato de llevar el evangelio a toda criatura, y transformar vidas a cada paso.

En nuestro llamado hay un complemento muy importante: la palabra escrita. Quiero agradecer al Dr. Xavier Cornejo, Director de Whitaker House Español, su apoyo, su visión, y su colaboración en nuestras gestiones.

Mi agradecimiento a Ofelia Pérez, por el compromiso de ayudarme a que esta revelación quede plasmada en esta obra para que pueda trascender esta generación. Su dedicación y esfuerzo son fuente de inspiración para continuar trabajando en la ardua tarea de predicar el evangelio a través de la palabra escrita. Le pido a Dios que le devuelva mil veces más todo lo que ha hecho.

Contenido

Prólogo

El apóstol Pablo ora por la iglesia de Éfeso para que Dios les dé espíritu de revelación, y los creyentes puedan conocer la esperanza a la que Él nos llamó, las riquezas de la herencia y el poder que opera en nosotros. En la presente obra, el Pastor Otoniel Font nos ayuda a entender el plan eterno de Dios de caminar en victoria, expresando todo lo que el Señor ya puso dentro de nosotros.

La Biblia nos dice que *Cristo vive en mí*, expresión favorita del apóstol Pablo, y que *en Cristo* están escondidos todos los recursos que necesitamos. Es decir, que todo está en Cristo, y Cristo está en nosotros. Ya no tenemos que buscar nada afuera, ni pedir que "descienda", que "me acompañe", porque Él ya vive en mí. El desafío es expresar todo lo que Cristo ganó en la cruz del Calvario en su resurrección, ya que toda esa victoria está en Él, y Él está en nosotros.

La manera de liberar todo ese potencial y esa victoria es a través de la renovación de nuestra mente. En su nuevo libro, el Pastor Otoniel desmenuza el tema, y nos ayuda a reflexionar para ser capaces de cumplir Romanos 12:2 y, a través de la Palabra, soltar todo lo que el Señor ganó para nosotros.

El Pastor Otoniel es una persona entusiasta y llena de fuerza, una "zarza ardiente" que no se apaga. En una búsqueda permanente y de gran revelación de Dios, nuevamente bendice al Cuerpo de Cristo con este material. Disfruta de estas páginas, y es mi oración que, durante su lectura, todo lo escrito aquí se manifieste y se cumpla con poder en tu vida.

Bernardo Stamateas
Pastor, Iglesia Bautista Presencia de Dios
Psicólogo, escritor y conferencista internacional
Buenos Aires, Argentina

Introducción

"El tiempo es crítico, porque marca el principio de la
segunda mitad de la vida, cuando una *metanoia*, una
transformación mental, ocurre frecuentemente."

– Carl Jung[1]

El fundador de la psicología analítica dijo esa frase al cumplir los 36 años de edad. Él usaba el término *metanoia* para describir el intento espontáneo de la mente para sanarse de un gran conflicto, transformándose y renaciendo de una manera mejor. Por su parte, William James, el padre de la psicología americana, que en algunos de sus estudios concluyó que una *metanoia* se inicia en el espíritu, la describió así en uno de sus escritos: [2]

> "*Metanoia* significa: 'un cambio de mente'... dar la vuelta, mirar en una nueva dirección... volverse hacia la luz. Porque cuando miras hacia la luz, la sombra queda atrás".

Yo no acostumbro citar palabras en griego, en hebreo, ni en arameo; sin embargo, *metanoia* es una palabra cuya profundidad representa el proceso de transformación por el que quiero llevarte en este libro. Comencé explicando lo anterior porque *metanoia* no es un concepto estrictamente teológico. Desde los inicios de la psicología moderna se le conoce como "el cambio transformativo del corazón;

una conversión espiritual". "Conversión" no se limita a un momento espiritual, sino a una transformación completa del ser humano. La *metanoia* alcanza la mente, la vida y el destino de la persona, hasta llegar a crear una mente nueva, una vida nueva y un destino nuevo.

La palabra griega se deriva de las palabras *metá*, que significa "más allá" o "después", y noeō, que significa percepción, entendimiento o mente. Varios diccionarios[3] definen *metanoia* como:

+ Arrepentimiento; un cambio fundamental en el carácter o la perspectiva.

+ Una transformación profunda.

+ La redirección del pensamiento, un proceso productivo de cambio básico completo.

+ La experiencia de abandonar el viejo yo o falso yo, por un yo más auténtico; un proceso marcado por una mezcla de intensidad, autosumisión, y un encuentro con el yo interno.

Las iglesias pueden ayudar a las personas a moverse hacia una *metanoia* dramática de conciencia que es necesaria en el orden humano; esa es la gracia de la regeneración.

Metanoia significa el verdadero arrepentimiento donde te examinas, decides transformar tus pensamientos, tu estilo de vida, y te comprometes contigo mismo y con Dios a no hacer jamás las cosas que hacías, y a conducir tu vida de manera radicalmente diferente. Con frecuencia confundimos el arrepentimiento con el remordimiento, que se traduce en llanto y en tan solo pedir perdón a quien se le hizo daño. Pero el arrepentimiento profundo y verdadero produce que examines tu interior, y estés determinado a hacer cambios en tu mente y en tu estilo de vida, para nunca más cometer los mismos errores, y edificar una vida mejor.

Generalmente, las personas manejan sus errores de una de dos maneras: como ya mencioné, con el llanto, y con la religión. Me refiero al llanto porque con frecuencia vemos a alguien expresar su remordimiento llorando por un incidente, o por las consecuencias de su estilo de vida, a modo de desahogo y expresión de dolor, pero sin mostrar actitudes de arrepentimiento y de resarcir daños. Otras personas que profesan religiones específicas expresan su remordimiento haciendo penitencias voluntarias, o impuestas por autoridades eclesiásticas.

Triste es decir que a la primera oportunidad, cometen el mismo error. ¿Por qué? No ha habido *metanoia*, verdadero arrepentimiento, ni transformación del pensamiento. No has pasado por ese momento de encontrarte contigo mismo y con Dios, tomar la decisión de cambiar tu manera de pensar, dejar atrás las conductas que te perjudican y te sacan de tu propósito, y determinarte a transformar tu mente, tu vida y tu destino.

¿Cuáles son los resultados directos de una *metanoia*? Más allá de un simple mejoramiento personal y profesional, es una transformación que te llevará a dimensiones personales y profesionales que jamás pensaste tener acceso a ellas.

+ Asumirás autoridad personal, profesional y espiritual.

+ Estarás empoderado para influenciar tu mundo y a las personas que te rodean.

+ Desarrollarás una fe inmutable, inconmovible.

Este es el libro para determinarte a moverte hacia el poder de una mente transformada. Al final de cada capítulo, dedica tiempo a reflexionar respondiendo a las preguntas que te guiarán. Respóndelas con el corazón: el proceso de transformación es entre Dios y tú. Al final del libro, te facilité una guía para que realices el proceso, paso por paso.

Declaro, en el nombre poderoso de Jesús, que este libro te revela todo aquello que te ha separado de lo que Dios tiene para ti. Declaro que a medida que lo lees, te determinas a transformar tu vida, tu mente y tu espíritu, y que el Espíritu Santo va dirigiendo tus pasos hacia una íntima relación con Dios, y una vida plena de salud, prosperidad, y éxito en todas las áreas. Esta *metanoia* traerá a tu vida niveles de transformación hacia tu propósito, más allá de lo que ni te has atrevido a soñar. No tengas miedo a los cambios. ¡Atrévete a transformar tu vida hacia lo máximo!

Arrepentimiento es cambio

Jesús le dijo: Amarás al Señor tu Dios con todo tu corazón, y con toda tu alma, y con toda tu mente. (Mateo 22:37)

Sabemos que Dios busca adoradores que le adoren en espíritu y en verdad, y que nuestra conexión con Dios es espiritual. Pero no puedes perder de vista que la experiencia de conexión de tu espíritu con el Espíritu de Dios está estrechamente relacionada con tu mente. Si no incluyes la mente, tu experiencia con Dios es limitada.

> TU EXPERIENCIA EN LA TIERRA DEPENDE DE LO QUE DIOS PUEDA HACER A TRAVÉS DE TUS PENSAMIENTOS.

Hay personas que no pueden ver lo vital que es para su experiencia con Dios una mente liberada, transformada, totalmente renovada.

Para algunos, la meta más importante que debe alcanzar una persona es llegar al cielo. Aunque el cielo será una experiencia maravillosa, donde más desea Dios manifestarse a través de nosotros es en la tierra. En el cielo, tú no eres de utilidad para el reino de Dios ni para tu familia. Tú eres de utilidad para el reino de Dios aquí en la tierra, y tu experiencia en la tierra depende de lo que Dios pueda hacer a través de tus pensamientos. Dios usa tu mente para pensar. Él tiene la mente de Cristo y tiene una mente superior a la nuestra, pero cuando Él quiere transmitir algo a la tierra, necesita una mente donde pueda procesar esas ideas y esos pensamientos, para que se hagan realidad.

> HASTA QUE NO TRANSFORMES TUS PENSAMIENTOS, NO PODRÁS VER LA GRANDEZA DE LO QUE DIOS TIENE PARA TI.

Las personas a quienes Jesús habló sobre la importancia de la mente eran saduceos y fariseos, los dirigentes espirituales de Israel en tiempos de Jesús, con quienes tuvo grandes diferencias. A pesar de que conocían lo que Jehová demandaba en la Ley, no podían cumplir con ella porque no lo hacían con una mente renovada. Ellos no habían interiorizado lo que ese requisito en realidad pretendía. Los saduceos eran aristócratas, en su mayoría eran ricos, y tenían posiciones de poder como jefes sacerdotales y el sumo sacerdote. Para ellos era más importante la posición que ocupaban, que tener una relación con Dios que provocara que la naturaleza de Dios, que es amor, se manifestara en sus vidas.

Por tal motivo, lo que Dios quería transmitir al pueblo no llegaba, porque los que tenían que transmitir ese mensaje no lo creían, ni vivían de acuerdo con esa realidad. No se relacionaban con el pueblo, y las personas del pueblo no tenían una buena expectativa de ellos. ¿Cómo era posible que pudieran impactar las vidas de otras personas si no se relacionaban con ellas? Nadie puede influir en otra persona si no se relaciona con ella. Por ese motivo no estaban de acuerdo con Jesús, porque Jesús se mezclaba con el pueblo. Ellos se acostumbraron a la rutina, quitaron de la relación la intención de cambio, de vivencia con significado. Su relación con Dios era superficial. Hacían lo que hacían porque estaba escrito en la ley y las tradiciones, porque así fueron enseñados, y eso fue lo que aprendieron.[1]

Tu experiencia con Dios, tu experiencia del amor y de la grandeza de Dios van a estar íntimamente ligadas a la libertad que experimentes en tu mente, en tu manera de pensar, de ver las cosas y la vida, y tu perspectiva. A veces aceptas como "normales" cosas que te ocurren que no deberían pasar. Y hasta que no transformes tus pensamientos, no podrás ver la grandeza de lo que Dios tiene para ti.

> *Cuando yo era niño, hablaba como niño, pensaba como niño, juzgaba como niño; mas cuando ya fui hombre, dejé lo que era de niño.*
> (1 Corintios 13:11)

¿Cuándo un hombre se hace hombre si hay hombres de cincuenta años que siguen pensando como niños? Lo que hace a un hombre no es la edad, no es su fuerza física, ni que pueda embarazar a una mujer, sino la manera en que piensa. Es la decisión de decir: "Se acabó lo que era un juego de niños". Tiene que haber un día cuando tú decidas crecer y madurar. Es una decisión de cambiar la manera de pensar.

Es interesante que ese versículo de Corintios está dentro del capítulo del amor. Es que no puedes experimentar todo lo que es el amor de Dios mientras no tengas la madurez, que es un proceso de cambio.

El mejor ejemplo es Pablo, el autor de Corintios.[2] El apóstol Pablo, originalmente Saulo de Tarso, se convirtió en el Apóstol de los Gentiles. Aunque no conoció a Jesús personalmente, para muchos es uno de los discípulos más importantes de Jesús. Nació en Tarso, en Cilicia, en el seno de una familia piadosa y muy ligada a las tradiciones y observancias fariseas. Su padre era ciudadano romano. Proveniente de la tribu de Benjamín, su nombre hebreo era Saúl (o Saulo) en memoria del primer rey de los judíos. Lo que había aprendido no había producido en él la madurez que debía tener.

> NO BASTA CON UNA EXPERIENCIA ESPIRITUAL; TENEMOS QUE SER EDUCADOS PARA QUE NUESTRA MENTE CAMBIE.

Todo el adiestramiento de Pablo lo llevaba a perseguir aquello que debía amar. Tenía todos los estudios y títulos que le daban respeto ante la sociedad, pero los usaba de forma incorrecta. Un hombre preparado intelectualmente, con relaciones políticas y religiosas muy importantes, convencido de que lo que hacía era lo correcto, con un inmenso potencial de desarrollo, utilizaba todo ese conocimiento para hacer algo que le apasionaba, pero en la forma equivocada: perseguir a los cristianos.

Sin embargo, un encuentro con Jesús camino hacia Damasco cambió toda su trayectoria. Allí en el suelo comenzó un proceso de transformación que lo convertiría en el personaje clave de la expansión del evangelio en el mundo no judío. No basta con una experiencia espiritual; tenemos que ser educados para que nuestra mente cambie.

Su transformación comenzó con una decisión clave: ser instruido, educado por personas menos preparadas intelectualmente que él, pero que habían tenido una experiencia espiritual única y transformadora. Pablo tuvo como mentor a Ananías. Este hombre le enseñó acerca del Jesús con quien se había encontrado en el camino. Esta decisión de aprendizaje le proporcionó a Pablo la oportunidad de entrar en una relación con Dios, de tal manera que su mente, y sus formas de pensar y de sentir, fueron transformadas. Aquella pasión que provocaba muerte fue sustituida por una pasión por Cristo que provocó en otros tener esa misma experiencia transformadora que él tuvo. Cuando estudiamos el desarrollo de los escritos de Pablo, vemos una evolución espiritual y mental que demuestra el proceso de transformación.

Cuando aprendemos algo, vemos nuestro alrededor de manera diferente. Entendemos por qué suceden las cosas, y la relación que tenemos con Dios es distinta.

> ARREPENTIRTE NO ES SENTIRTE MAL Y SEGUIR HACIENDO LO QUE HAS ESTADO HACIENDO.

El amor es un proceso. Comienza con una inquietud, con una curiosidad que va en aumento hasta que logramos conectarnos con esa persona de manera que hacemos un compromiso de vida con ella, a tal grado que, si tenemos que sacrificar algo por amor a esa persona, lo hacemos sin pensarlo. Por eso, cuando Pablo se encontró con Jesús, pudo transformarse de perseguidor en una persona totalmente diferente, capaz de llevar el evangelio a partes del mundo a donde ningún otro de su época logró llevarlo.

La esencia del arrepentimiento

Después que Juan fue encarcelado, Jesús vino a Galilea predicando el evangelio del reino de Dios diciendo: El tiempo se ha cumplido, y el reino de Dios se ha acercado; arrepentíos, y creed en el evangelio. (Marcos 1:14-15)

La palabra *metanoia* se traduce en la Biblia como "arrepentimiento". Así predicaba Jesús, Juan la usó, los discípulos la usaron y Pablo también.

Desde entonces comenzó Jesús a predicar, y a decir: Arrepentíos, porque el reino de los cielos se ha acercado. (Mateo 4:17)

Y les dijo: Dondequiera que entréis en una casa, posad en ella hasta que salgáis de aquel lugar. Y si en algún lugar no os recibieren ni os oyeren, salid de allí, y sacudid el polvo que está debajo de vuestros pies, para testimonio a ellos (...) Y saliendo, predicaban que los hombres se arrepintiesen. (Marcos 6:10-12)

Así que, arrepentíos y convertíos, para que sean borrados vuestros pecados; para que vengan de la presencia del Señor tiempos de refrigerio. (Hechos 3:19)

Lo que la religión dice que es arrepentirse es hacerte sentir culpable o condenado por tus pecados; por tus faltas humanas y carnales. La iglesia predica arrepentimiento, pero arrepentirte no es sentirte mal y seguir haciendo lo que has estado haciendo. Arrepentirse tiene una profundidad mayor. Llevar a alguien a arrepentirse no es hacerlo consciente de que está haciendo algo mal tan solo para que se sienta culpable. Aunque para tener una *metanoia* hace falta reconocer que se está obrando mal, y esto puede producir un poco de tristeza y culpabilidad, si la persona tan solo se queda ahí, no se produjo el arrepentimiento. Si Pablo tan solo se hubiera sentido mal por perseguir a los cristianos, no habría experimentado todo lo que Dios deseaba hacer con él. No bastó con sentirse mal. Tuvo que experimentar una transformación total de su vida. Pablo se convirtió en el mayor promotor de aquello que había perseguido.

Mira el ejemplo de Judas, y mírate a ti mismo. No hay nada que puedas hacer para cambiar el curso de una mala decisión que tomaste, pero las consecuencias de las malas decisiones pueden ser cambiadas si nos arrepentimos. Cada acción tiene

> LAS CONSECUENCIAS DE LAS MALAS DECISIONES PUEDEN SER CAMBIADAS SI NOS ARREPENTIMOS.

consecuencias, pero las consecuencias negativas de tus malas decisiones no tienen que ser tu final. No hay nada que carcoma más la mente de una persona que pensar que no hay nada que pueda hacer para cambiar las consecuencias y las acciones que se desencadenan por una mala decisión, porque se pierde todo el control y ahora "sabrá Dios a dónde vas a llegar". Eso causa amargura en el alma. Eso fue lo que llevó a Judas a colgarse.

Tanto Jesús como Judas terminaron colgados de un árbol por razones totalmente diferentes. Judas se colgó de un árbol porque su mente le hizo pensar que su error era demasiado grande para recibir perdón. Es muy posible que Judas se arrepintiera, pero tal vez lo que sentía era remordimiento por lo que había hecho, y eso lo condujo hasta aquel árbol. Si hubiese tomado la decisión de buscar en Jesús el perdón, lo habría conseguido. Una verdadera *metanoia* en Judas hubiera comenzado recibiendo el perdón que Jesús estaba dispuesto a darle, acción que le permitiría luego predicar el evangelio con los demás discípulos. Porque la *metanoia* comienza cuando decidimos cambiar el rumbo de nuestra vida, y actuamos. No basta con solo arrepentirnos o sentirnos culpables. Una cosa es colgarse de un árbol sabiendo que no hay nada que se pueda hacer para cambiar las consecuencias de lo que se hizo, y otra dejarse crucificar para cambiar la historia de la humanidad y redimirla, que fue lo que hizo Cristo.

> LA *METANOIA* COMIENZA CUANDO DECIDIMOS CAMBIAR EL RUMBO DE NUESTRA VIDA, Y ACTUAMOS.

¿Por qué Judas ha llegado a ser considerado como el "sumo traidor"? Porque entregó a Jesús a los sacerdotes, y estos lograron que Pilato lo crucificara. Robaba de la bolsa porque no ocuparía una posición de prestigio en el reino terrenal de Jesús, motivo por el cual decidió traicionarlo. Este sentido de decepción que sintió Judas lo condujo a tomar la peor decisión de su vida. Cayó en la trampa de las emociones. Permitió que su mente no transformada le hiciera ver las cosas de manera incorrecta. Él esperaba que el Mesías fuera un político revolucionario, pero eso no fue lo que encontró en Jesús.

Cuando no obtienes lo que te habías imaginado o soñado, la decepción puede hacerte tomar decisiones incorrectas. Luego, la vergüenza y el remordimiento se apoderan de tu mente, y te hacen volver a decidir incorrectamente. Cuando tu relación con Dios no ha madurado, siempre vas a pensar desde la decepción, y te vas a ver como si fueras menos ante los demás. Vas a pensar que serán incapaces de perdonarte porque tú no te perdonas el haberte equivocado.

Judas pensó, desde su decepción, que no podía cambiar las cosas, y que el Jesús que idealizó no podía ser capaz de perdonarle.[3]

Cuando piensas que no hay nada que puedas hacer para detener las consecuencias de las decisiones que has tomado, tu vida se detiene y te entregas a lo que estás haciendo mal, a tu vieja vida. No puedes pensar en otra cosa; te acorralas tú mismo. Eso no es lo que Dios quiere contigo.

Arrepentirse es más que todo eso. Arrepentirse es cambiar, terminar con la vieja vida, y pensar que hay una manera de transformar el futuro, o lo que viene delante de ti. Arrepentirse no es sentirse mal con uno mismo. Arrepentirse es decir: "Tengo que cambiar mi manera de pensar, mi manera de vivir. Tengo que comenzar una vida diferente, no puedo volver al mismo lugar, no puedo volver atrás. Necesito salir de este estilo de vida y de pensamiento".

> **DECIDE ROMPER CON EL CÍRCULO VICIOSO QUE TE HA ATADO TODA LA VIDA.**

Decide romper con el círculo vicioso que te ha atado toda la vida. Desde hoy en adelante, cuando un pensamiento no esté de acuerdo con lo que Dios quiere hacer contigo, cada vez que te encuentres teniendo un pensamiento de condenación, negativo, de pobreza, de enfermedad, vas a decir: "*Metanoia*. Me arrepiento de esto que estoy pensando, y lo voy a cambiar. Mi vida puede ser diferente, puede ser transformada; decido cambiar".

Tienes que entender que llega un punto en tu vida donde no puedes ni debes volver atrás. Lo que te queda es ir hacia adelante, y decidir que tu vida tiene que cambiar hoy. Tienes que pensar diferente, actuar diferente, vivir diferente. Tienes que saber que Dios te llevó a la iglesia para que haya *metanoia* en tu vida, para que puedas arrepentirte y cambiar de dirección tu manera de pensar. Una mala decisión no debe controlar todo el futuro de tu vida. Hay una decisión más grande que tú puedes tomar: la decisión de cambiar, y decir: "Soy transformado con la sangre del hijo de Dios, y mi vida puede cambiar".

La importancia de transformar tu mente es que tu relación con Dios no puede ir más allá de cómo veas a Dios con tu mente. Tú piensas que solo puedes ser un espectador de las cosas que sucedan, y eso no es cierto. El día que tú decidas, las cosas pueden cambiar. El día que lo determines, lo declares y digas: "Hasta aquí", todo puede cambiar. No es una varita mágica. Toma hoy la firme determinación de que no vas a ser víctima de lo que hiciste en el pasado.

Dios tiene para ti una experiencia más poderosa. En toda la Biblia, los hombres de Dios en algún momento tuvieron una experiencia que cambió el curso de sus vidas. Recuerda a Moisés, el milagro de

su nacimiento y de salvarse de
la muerte siendo un bebé. Nada
de eso evitó que Moisés toma-
ra la mala decisión que lo hizo
terminar en el desierto, porque
las cosas de las que no eres consciente que Dios ha hecho por ti

> ————
> EL DÍA QUE LO
> DETERMINES, LO
> DECLARES Y DIGAS:
> "HASTA AQUÍ", TODO
> PUEDE CAMBIAR.
> ————

no son las que cambian tu futuro y tu destino. No es hasta que hay
una experiencia consciente de lo que Dios quiere contigo, que tú
decides cambiar tu vida.

Moisés no sabía quién era en realidad. La manera en la que Dios
manejó la preparación de este gran líder es asombrosa. Pero para
Moisés era desconocida. Su madre le vio hermoso y lo mantuvo es-
condido por tres meses, pero cuando ya era imposible mantenerlo
oculto decidió hacer algo inusual. Lo colocó en una canasta, y lo
llevó al río confiando en que Dios haría provisión de vida para él.
La hija de Faraón lo encuentra, lo adopta como hijo, y lo educa para
ser rey de Egipto.

En todo este tiempo Moisés creció creyéndose egipcio. De esa manera, su verdadera identidad estaba oculta hasta que llegara el momento de que el propósito de Dios se revelara. Lo curioso es que
cuando Moisés se entera de que es hebreo y no egipcio, intenta
ayudar a un hebreo, y mata al egipcio. Ahora tiene que huir para no
enfrentar la justicia egipcia. Esto complicó el plan de Dios. Sin embargo, esa huída Dios la utiliza para completar la preparación del
líder. Bajo la dirección de Jetro, su suegro, Moisés aprende el oficio
de pastor de ovejas, y aprende a dirigir. Luego Dios se le aparece
para que comience a realizar la tarea para la cual en realidad fue
preparado. Pero Dios tuvo que convencerlo de que él era el

escogido para hacerlo, porque su mente humana no lo percibía. Todo este proceso duró 80 años, 40 siendo educado como egipcio, y 40 siendo preparado para dirigir al pueblo fuera de su esclavitud.[4]

¿CUÁNTO TIEMPO LE TOMARÁ A DIOS LLAMAR TU ATENCIÓN PARA QUE CAMBIES?

¿Cuánto tiempo le tomará a Dios llamar tu atención para que cambies? Con Moisés tuvo que utilizar un arbusto ardiente para llamar su atención y colocarlo de nuevo en el sueño de Dios para su vida. Estaba en un desierto; no era novedoso ver un arbusto arder. La sequedad del desierto hace que los rayos del sol quemen todo lo seco. Pero aquella zarza debió haber ardido más tiempo de lo común para llamar la atención de Moisés.

Una vez que el arrepentimiento te ha encauzado hacia el destino de Dios para tu vida, puedes comenzar a ver cosas distintas. En estos momentos Moisés no es el mismo hombre que salió huyendo de Egipto. Ha sido moldeado para convertirse en el líder que cumplirá la promesa de Dios a Abraham. La zarza ardiente le dice a Moisés que Dios quiere hacerle volver al camino de su destino.

Él sintió que había defraudado a muchas personas cuando huyó de Egipto, y esa decisión lo separó del propósito de Dios, pero al mismo tiempo Dios utilizó esa separación y ese lugar para completar la preparación del líder que necesitaba para sacar de Egipto a su pueblo.

Lo que a veces tú crees que es retroceso en tu camino, es Dios devolviéndote a tu propósito original, como devolvió a Moisés a Egipto. Por no haber sido consciente de lo que Dios quería hacer, no has avanzado hacia lo que Dios quería. Lo mismo ocurrió con Abraham y con Saulo. Todo lo que hace falta para que tu viaje tome otro curso es que tú digas "hasta aquí". Esa experiencia solo te la puede dar Dios en una experiencia sobrenatural.

La mayor experiencia que puedes tener con Dios es cuando la luz de Dios se mete en tu mente, y pone un pensamiento dentro de ti. Es cuando te levantas del polvo.

> LO QUE A VECES TÚ CREES QUE ES RETROCESO EN TU CAMINO, ES DIOS DEVOLVIÉNDOTE A TU PROPÓSITO ORIGINAL.

Fue difícil para Abraham entender el propósito de Dios, sencillamente porque lo veía con sus ojos humanos y carnales. En aquellos tiempos, ¿quién podría imaginar que un hombre de edad avanzada y una mujer anciana y estéril podrían tener un hijo? Y más aún, que de ese hijo saldría una innumerable descendencia. ¡Era algo increíble! Totalmente fuera de la realidad. ¿Cómo dejar a su padre y al huérfano de su sobrino para ir tras la instrucción de una voz que nunca antes había escuchado? ¿Para ir a dónde, a un lugar que ni siquiera sabía dónde quedaba? No hay lógica ni cordura en eso.

En su incredulidad, cometió varios errores que hicieron que la promesa de Dios se retrasara. No dejó a su padre hasta que murió. Se llevó a su sobrino, y lo mantuvo con él hasta que tuvo que separarse para no dañar la relación. Por miedo mintió, dijo que Sara era su hermana. Se acostó con la criada de su esposa tratando de ayudar a Dios, y tuvo un hijo con ella que ha sido rival de su medio hermano hasta el día de hoy. Pero cuando se convenció de que Dios era real y que cumplía lo que prometía, fue capaz de entregar a su hijo en sacrificio con la certeza de que Dios se lo devolvería de alguna forma.

Cuando hallamos nuestro propósito e identificamos para qué hemos sido llamados, no importa lo que Dios nos pida, pues estamos dispuestos a hacerlo aunque nos cueste la vida o tengamos que entregar lo más valioso que tengamos. Porque sabemos en quién estamos confiando.[5]

Te recuerdo el ejemplo de Saulo. Las circunstancias de la vida cambian, pero cuando tu mente cambia, tú vives con la seguridad de que Dios siempre proveerá y estará; vives en libertad. El problema es que las personas piensan que eso se alcanza a través de la religión, o de momentos emocionales. Y eso se alcanza tan solo con la transformación que significa un cambio de mente.

Es tu decisión

Mirad bien, no sea que alguno deje de alcanzar la gracia de Dios; que, brotando alguna raíz de amargura, os estorbe, y por ella muchos sean contaminados; no sea que haya algún fornicario, o profano, como Esaú, que por una sola comida vendió su primogenitura. (Hebreos 12:15-16)

Esaú[6] era el primogénito de Isaac y Rebeca, gemelo de Jacob. Se diferenciaban en que Esaú era velludo y Jacob era lampiño. A Esaú le gustaba la cacería y Jacob era un hombre tranquilo. Esaú era el favorito de Isaac; y Jacob, el de Rebeca. Desde antes de nacer, desde el vientre de su madre estaban peleando, lo cual produjo muchos malestares a Rebeca. Dios le habló y le dijo que en su vientre ella llevaba dos naciones, dos pueblos que serían divididos, uno sería más fuerte que el otro, y que el mayor serviría al menor.

> LO ÚNICO QUE HACE FALTA PARA VENDER TODO LO QUE DIOS TE DIO ES ESTAR EN UN LUGAR INCORRECTO.

Al momento de nacer, salió Esaú primero, pero Jacob venía agarrándole por el tobillo.

Un día Esaú salió de cacería, y no había obtenido nada. Regresaba cansando y hambriento. Encontró a Jacob haciendo un guisado de lentejas que le olió muy bueno, y le pidió un poco. Pero Jacob aprovechó la oportunidad para obtener algo que le interesaba: la primogenitura. Así que le ofreció un trato: le daría un plato de aquel guisado si a cambio Esaú le vendía su primogenitura. Esaú pensó que si iba a morir, no le serviría de nada ser el primogénito, así que aceptó la oferta y juró en aquel día que le vendía la primogenitura a su hermano por el plato de lentejas.

Ser el primogénito significaba que recibiría la bendición final del padre, se convertiría en el señor de todo lo que su padre poseía, y todos quedaban bajo su protección y dirección. Esaú, el primogénito de Isaac y Rebeca, gemelo de Jacob, no apreciaba el lugar que le correspondía como primogénito. Tenía una bendición especial, y no sabía realmente lo que eso significaba. Jacob sí era consciente de lo que significaba ser el primogénito, y estuvo dispuesto a obtenerlo a como diera lugar, con la ayuda de su madre. Esaú tuvo que conformarse con tan solo una declaración de prosperidad y protección de su padre.

Hay personas que recuerdan una sola cosa: esa comida donde vendiste lo que Dios te había dado. Lo único que hace falta para vender todo lo que Dios te dio es estar en un lugar incorrecto. ¿Qué te comes todos los días que te lleva al pasado a recordar lo que hiciste?

> SE CAMBIA CON UNA DECISIÓN; NO CON LLANTO. CONSOLARTE NO CAMBIA EL DESTINO DE TU VIDA.

Y si no lo recuerdas tú, el sistema, el mundo, te recuerda el día que te sentaste y por emociones vendiste tu primogenitura.

¿Qué hizo que Esaú no cambiara su vida? ¡Que lo procuró con lágrimas, no con fe! Deseas cambiar tu vida, pero todos tenemos una comida que quisiéramos echar para atrás. Se cambia con una decisión; no con llanto. Consolarte no cambia el destino de tu vida.

Es triste tener algo de un valor incalculable, sin saberlo. No lo valoras, no lo aprecias, crees que no sirve para nada hasta que lo pierdes. Como dice el viejo refrán popular: "Nadie sabe lo que tiene hasta que lo pierde". Porque cuando Esaú no tuvo su primogenitura, se dio cuenta de lo que en realidad valía y lo que eso le proporcionaría. Pero antes no lo vio. Por dejarse llevar por las emociones perdió su más preciado tesoro, sin valor para él, hasta que pensó en el futuro que le esperaba. Ya era tarde.

¿Qué dejaste de ser o de entregar, o vendiste por una decisión emocional, que quisieras tener ahora?

Metanoia, arrepentimiento, transformación, no vienen por emociones. Los que solo sienten remordimiento, en vez de verdadero arrepentimiento, vuelven a lo mismo que hicieron antes.

Quiero ayudarte a recuperar la herencia que perdiste por malas decisiones que tomaste. Otra buena decisión te puede hacer recuperarla. No lo vas a lograr peleando, contaminando, ni con

> CAMBIA TU MANERA DE VIVIR, Y CRÉELE A DIOS. LEVÁNTATE Y VE.

ira, ni manipulando. Busca a Dios, y las cosas volverán a ti. Cambia tu manera de vivir, y créele a Dios. Levántate y ve.

Ni la religión ni el llanto te ofrecen transformación. Si te levantas, el Padre te va a recibir, y vas a recuperar la herencia que vendiste. Cuando llegue a tu mente el pensamiento incorrecto, di: "Me arrepiento y cambio mi manera de pensar, y creo en el evangelio de lo que Cristo vino a hacer por mí". Recibirás tu herencia.

Hay una experiencia sobrenatural que tienes que pasar para tener ese cambio trascendental. Es tu fe lo que te va a hacer recuperarte. Si crees en lo que Dios te ha prometido, cambia tu vida. No tienes que vivir mal el resto de tu vida por las consecuencias de una mala decisión.

REFLEXIONA: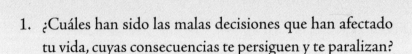

1. ¿Cuáles han sido las malas decisiones que han afectado tu vida, cuyas consecuencias te persiguen y te paralizan?

2. Examina tus pensamientos. ¿Cuáles pensamientos entiendes que provocaron esas malas decisiones?

3. Analiza. ¿Qué *metanoia* o cambios en tu pensamiento tienes que hacer para no actuar nunca más de la misma manera? Aquí, ahora, tómate el tiempo de hacer una lista de las maneras de pensar que crees que te ayudarían a vivir de otra manera.

4. Graba en tu mente esta palabra, y cada vez que te encuentres pensando de manera errónea, quiero que digas: "*Metanoia...* tengo que cambiar mi manera de pensar, de planes y de propósito".

Recibe lo mejor

Arrepentirse significa la transformación de tu manera de pensar de acuerdo a lo que Dios quiere para ti. Es cambiar tus pensamientos y tu curso de acción, y decidir que tu vida va a cambiar para siempre.

> *Ahora me gozo, no porque hayáis sido contristados, sino porque fuisteis contristados para arrepentimiento; porque habéis sido contristados según Dios, para que ninguna pérdida padecieseis por nuestra parte.* (2 Corintios 7:9)

Hay personas que solo quieren que quieren verte sufrir, que pagues por lo que hiciste en el pasado, y que llores. Pero hay una diferencia entre entristecerte de esa manera, y entristecerte porque Dios te redarguye. Esto produce que te corrijas y cambies tu modo de pensar. El problema viene cuando solo se produce tristeza sin cambios, y te pasas la vida entera en condenación, tal vez repitiendo la conducta y sin cambiar ni tu pensamiento, ni tu vida ni tu destino.

No hay arrepentimiento en el vacío

En el Nuevo Testamento, siempre que vemos la palabra "arrepentimiento" la vemos en el contexto de dejar algo para recibir algo mejor y más grande. No es "arrepiéntete" por solo arrepentirte. Por ejemplo, cuando Juan el Bautista habla de arrepentirse, se refiere a arrepentirse del viejo sistema de méritos de ser salvo por las obras, para ser salvo por Cristo. Por eso él decía: *"Arrepentíos..."* (Mateo 3:2).

Juan el Bautista fue el precursor de Jesús. Preparó el camino para que Jesús pudiera iniciar su encomienda. Vivió como nazareo en el desierto (significa que se abstenían de tomar vino y de todo producto de la uva, incluyendo la uva misma; les era prohibido usar navaja y evitaban cualquier contacto con una persona muerta). Fue lleno del Espíritu Santo desde el vientre de su madre. Juan predicaba sobre la venida del Mesías y anunciaba que estaba cerca, por lo cual tenían que prepararse espiritualmente para recibirlo. Su objetivo era preparar a las personas para la venida del Mesías.

> **NO HAY VERDADERO ARREPENTIMIENTO SI NO DEJAS ALGO, Y RECIBES ALGO EN LUGAR DE LO QUE DEJASTE.**

Cuando bautizaba a las personas, era como símbolo de que se limpiaban y apartaban del pecado. Su bautismo era diferente porque los judíos solo bautizaban a los gentiles, y Juan bautizaba a todos. Los preparaba para algo nuevo. Él enfatizaba que debían arrepentirse como muestra de su rendición al Mesías. Si iban a recibir algo nuevo, no podían hacerlo viviendo de la manera en que lo habían hecho hasta ese momento. Era preciso que hubiera un cambio radical en su conducta y sus actitudes; de lo contrario, no podrían ser partícipes del Reino de los Cielos. Si esperaban al Mesías, tenían que estar preparados, aptos para presentarse delante de Él. Pero tenían que hacerlo sinceramente, con un corazón humilde y arrepentido. ¿De qué tenían que arrepentirse? De esperar a un Mesías político que luchara físicamente contra el Imperio Romano. Tenían que arrepentirse de vivir bajo la Ley de Moisés a su manera, sin convicción de que servían al Dios Soberano. Su mensaje les exhortaba a dejar las costumbres y tradiciones que los alejaban del propósito de Dios, para acercarse al Mesías y disfrutar de las bendiciones del reino. Así que el primer paso para una nueva vida es el arrepentimiento.[1]

No hay verdadero arrepentimiento si no dejas algo, y recibes algo en lugar de lo que dejaste.

¿Por qué hay personas que necesitan arrepentirse, pero siguen en las mismas? Porque saben que hay algo más, pero no saben a qué aspirar. ¿Por qué dejar un viejo sistema de vida si no aspiran a algo nuevo? Pablo hablaba de arrepentimiento; de la transformación del hombre: de la vieja criatura a la nueva criatura.

Deja esa vieja manera de vivir; comienza a mirar hacia una nueva vida. Deja esa vieja manera de pensar, y empieza a mirar lo que Dios tiene para ti. Comienza a ver que la Biblia dijo que Dios te bendijo con toda

> ABRAZA LA NUEVA VIDA, LAS POSIBILIDADES, LO NUEVO QUE DIOS TIENE PARA TI.

bendición en los lugares celestiales en Cristo Jesús. Comienza a ver que no te tienes que conformar a este siglo, a estos pensamientos, a estas ideas, a estas limitaciones. Tienes que renovarte para recibir al nuevo hombre, para recibir lo nuevo que Dios tiene para tu vida.

Yo quiero que entiendas que no hay verdadero arrepentimiento producido por Dios si no va dirigido a recibir, y a aceptar algo más grande de parte de Él. Nadie se debe arrepentir en un vacío. Cada vez que tú dejas la vieja manera de vivir es porque hay algo nuevo, algo más grande, algo más poderoso que Dios te ha prometido, y eso es lo que debes abrazar. Abraza la nueva vida, las posibilidades, lo nuevo que Dios tiene para ti. Hay un arrepentimiento más allá de arrepentirte para que no vayas al infierno; aquel es solo un arrepentimiento de autopreservación.

El verdadero arrepentimiento no se trata solo de cambiar tu vida, sino de transformarla por lo mejor de Dios. Puedes cambiar tu vida, pero si no lo haces por las razones correctas, tus cambios no van a durar mucho tiempo. Muchos llegan al Señor por miedo de ir al infierno, pero los creyentes no están buscando un cambio momentáneo. Están buscando un cambio donde el pasado quede atrás, y tú tengas una verdadera *metanoia* o transformación en tu vida, para recibir el propósito de Dios en ti.

Considera lo siguiente. En el Antiguo Testamento, en solo tres escrituras aparece la palabra "arrepentirse", y se le adjudicó a Dios. Si se usara "arrepentimiento" únicamente para hablar de pecado, tendríamos que decir que Dios había pecado. Eso te demuestra que esa palabra no implica simplemente una falta, sino más que eso. Es el cambio de manera de pensar, de destino y de propósito.

La verdad es que varias veces en la historia cuando el hombre falló, tuvo que escoger otro plan, hacer cambios, transformar y renovar. Saúl se fue, y Dios tuvo que traer a David, y después a Salomón.

Saúl fue el primer rey de Israel. ¡Qué privilegio! Pero se dejó llevar por la emoción de ser quien más autoridad tiene, y cometió un grave error. Le permitió a su mente creerse superior al sacerdote, y ubicarse en la posición de este sin considerar la relación que debía tener con Dios. Humanamente hablando, cualquiera puede quemar un animal o cualquier otra cosa, pero el asunto aquí era la cuestión de la obediencia y la sumisión. Saúl debía seguir instrucciones simples como hasta el momento lo había hecho, pero como en su mente había otros pensamientos, tomó la más triste decisión de su vida. No se arrepintió porque creía que podía hacer lo que quisiera, dada la autoridad que tenía.

En cambio, David, que orquestó toda una historia para matar a su capitán de guerra, Urías, para quedarse con la mujer de este, Betsabé, hizo todo lo contrario a Saúl. Una vez que fue descubierto su gravísimo complot y le fue declarada la sentencia que correspondía, David comenzó a clamar por misericordia ante Dios. Se humilló, pidió perdón, y ayunó.

Este no fue el único incidente donde vemos a David humillándose ante Dios. También vemos cuando quería contar al pueblo y su ejército. Dios le dijo que no lo hiciera, pero creyéndose con méritos para saber con cuántas personas contaba, lo hizo. Dios lo llamó a cuentas, y David escogió humildemente ser castigado por Dios. Lo importante de estas muestras de arrepentimiento de David es que nunca más volvió a cometer los mismos errores. Sufrió valientemente las consecuencias de sus actos, pero su arrepentimiento fue tan genuino y sincero que nunca más erró delante de Jehová. Por ello se le reconoce como el hombre conforme al corazón de Dios.[2]

Sin embargo, su hijo Salomón, el hombre más sabio de la tierra, que no hubo ni habrá otro como él, tuvo que admitir al final de sus días que había tenido una vida vana e ilusoria. No vemos arrepentimiento, pero sí remordimiento, porque con toda la sabiduría que recibió no supo valorar la relación con Dios como su padre lo hizo. Se desvió del camino, se alió con quien no debía, y sufrió las consecuencias de sus actos. Triste final para un hombre tan sabio. Nos evidencia que la sabiduría no es sinónimo de vida exitosa.

David peleó con osos, leones, bestias salvajes, un gigante, un rey loco y atormentado, y todo lo enfrentó sabiendo que Jehová estaba de su lado, y se dejaba dirigir por Él. Estas experiencias de vida fortalecieron su relación con Dios. Profundizó su entrega al punto de saber que si se equivocaba, su relación con Dios era firme, y podía confiar en que Dios le restauraría siempre que acudiera a Él en busca de auxilio. A pesar de la sabiduría de Salomón, él no tenía grabadas en su memoria historias de relación como las de su padre con Dios.[3]

Tú y yo estamos co-creando la historia con Dios. Aunque Dios es soberano, Él está mirando nuestros planes, nuestra manera de pensar, nuestra manera de vivir, y toma decisiones a través de nuestra manera de pensar. Por eso es que tú y yo debemos tener *metanoia*. Tenemos que pensar para que sus pensamientos vengan aquí a la Tierra, para decir como dijo Cristo en la Tierra: "*Hágase* tu voluntad, *como en el cielo, así también en la tierra*",[4] o como también dijo: "Yo digo lo que mi Padre dice que diga, yo hago lo que mi Padre dice que haga".[5]

Cuando tu mente llegue a eso, Dios puede hacer lo que quiera porque entonces eres tú transformado por el Padre; eres tú haciendo lo que Él quiere que se haga. No es haciendo tu voluntad, no es haciendo tu deseo ni lo que tú quieres, sino necesitas un cambio en tu vida de manera tal, que cada decisión que tomes sea Dios tomando acción, tomando decisiones; Dios tocando, Dios transformando. Cuando llega ese punto en tu vida, ahí es que se manifiesta el verdadero poder de Dios en ti.

Si observamos el concepto de arrepentimiento en el Antiguo Testamento, se trataba siempre de tornarse a Dios. Siempre vas a ver que la petición de Dios es *"vuélvete a mí"* [6] porque el deseo de Dios siempre ha sido tener una relación con el hombre. Lo que Dios quiere desde el Antiguo Testamento es que dejes todo aquello que te aleja de una relación con Él, y te acerques a Dios. Él siempre ha querido que tomes la decisión de saber que sin Dios no puedes vivir, y que todo aquello que quiere gobernar tu vida y mantenerte alejado de Dios hay que eliminarlo y dejarlo, para estar cerca de Él.

Por eso lo que Dios hizo siempre fue presentarle al hombre lo mejor. Él creó el huerto del Edén, donde todo era perfecto, para que el hombre tuviera una relación perpetua con Dios en ese lugar, y deseara estar con Él.

> TIENES QUE APRENDER A VIVIR Y A PENSAR COMO DIOS QUIERE QUE TÚ PIENSES.

A través de toda la Biblia, lo que Dios buscaba era a alguien que pudiera acercarse a Él. Como el hombre no se acercaba, Dios se acercó al hombre. Por eso siempre vemos a Dios buscando al hombre.

Nadie puede acercarse a Dios si Dios no lo busca primero, porque Él siempre ha iniciado la búsqueda; no ha sido el hombre. Después que el enemigo desechó a Adán, Dios lo buscó. Eso es lo que hace el mundo. Te usa y después te desecha. El que te busca es el que verdaderamente te ama. El que te busca dondequiera que tú estás es el que te ama de verdad. Dios siempre ha estado buscando una manera en que te alejes de todo aquello que te ha separado de Él, para que experimentes junto a Él la vida que fuiste destinado a vivir.

Por eso necesitas una mente transformada. Tienes que aprender a vivir y a pensar como Dios quiere que tú pienses, para que tomes autoridad sobre todo aquello que quiere tomar control de tu vida y separarte de Dios.

> (…) Y aconteció andando el tiempo, que Caín trajo del fruto de la tierra una ofrenda a Jehová. Y Abel trajo también de los primogénitos de sus ovejas, de lo más gordo de ellas. Y miró Jehová con agrado a Abel y a su ofrenda; pero no miró con agrado a Caín y a la ofrenda suya. Y se ensañó Caín en gran manera, y decayó su semblante (…) Y dijo Caín a su hermano Abel: Salgamos al campo. Y aconteció que estando ellos en el campo, Caín se levantó contra su hermano Abel, y lo mató. (Génesis 4:1-8)

Abel tuvo mejor resultado con su ofrenda que Caín. Alguien les enseñó a adorar a Caín y a Abel, pero Caín es el tipo de persona que quiere hacer la mitad de lo que debe hacer y alcanzar aquello que logran las personas que hacen lo mejor. Pretende lograr lo mejor, pero con poco. Y Caín mata a Abel.

Caín es el hijo mayor de Adán y Eva, la primera familia de la creación. Tuvieron que salir del huerto del Edén donde Dios los había ubicado, por las ansias de poder y control que la serpiente logró introducir en Eva. Esta semilla de dudas sobre quién tiene autoridad sobre quién despertó la curiosidad y la envidia en Eva, y esta logró influenciar a Adán al punto de hacerlo desobedecer la orden que había recibido.

Caín obtuvo de su madre la necesidad de hacerse sentir mejor que los demás; la necesidad de ser notado. Por ese motivo ofrenda a Dios, pero lo hace para lucirse, para sobresalir, para obtener el favor de Dios. En cambio, Abel presenta su ofrenda en agradecimiento por lo que había recibido, la oportunidad de criar aquellos animales con los cuales satisfacía su sustento. Cuando las personas quieren más y más sin importarles a quién atropellan o lastiman, se dice que son "peores que Caín". La envidia que sintió Caín porque la ofrenda de su hermano fue de mejor agrado ante Dios que la suya, lo condujo a quitarle la vida a su propio hermano.

¿Qué culpa tenía Abel de que Dios hubiese visto su ofrenda con mejor agrado que la de él? ¡Ninguna! Aunque no queramos admitirlo, las intenciones con las que hacemos o decimos las cosas se perciben, se notan,

> AUNQUE EL PECADO ESTÉ A LA PUERTA, TE PUEDES ENSEÑOREAR DE ÉL.

aunque solo estén en nuestro pensamiento. Caín no tenía que asesinar a su hermano. Aunque sintiera la envidia, y estuviera resentido contra Dios por no aceptar su ofrenda, podía recapacitar y reenfocar el motivo de su ofrenda. Él tenía la capacidad para hacerlo, pero se dejó llevar por sus emociones como hicieron sus padres.[7]

Aunque el pecado, o aquello que te hace volver a la vieja vida está a la puerta, tú tienes la capacidad de señorearte. No tienes que vivir toda la vida viendo las consecuencias de tus malas decisiones, porque aunque el pecado esté a la puerta, te puedes enseñorear de él, y de todo aquello que te separa de Dios; de todo pensamiento negativo. Aunque la depresión esté a la puerta, tú te puedes enseñorear de la depresión; no tienes que dejar que la depresión se enseñoree de ti. Aunque la ira esté a la puerta, puedes enseñorearte de ella.

La vieja persona siempre está tocando a la puerta de los que hemos sido redimidos. Aquello que quiere volverte atrás, aquello que quiere paralizarte está a la puerta, pero el día que tú quieras, te enseñoreas de aquello que te ha querido separar de Dios.

Cada vez que venga el mundo o el enemigo a tocar a la puerta para enseñorearse de ti, para separarte de Dios, para que vuelvas al pasado y a la vieja manera de pensar, tienes que entender que Dios te ha dado la autoridad. Dios nunca creó a nadie para que fuera enseñoreado por el mundo y por sus malas decisiones. Tú puedes decir como Pablo:

> DIOS NUNCA CREÓ A NADIE PARA QUE FUERA ENSEÑOREADO POR EL MUNDO Y POR SUS MALAS DECISIONES.

"¿Dónde está, oh muerte, tu aguijón?".[8] "Nada se va a enseñorear de mí. Nada va a tomar control sobre mí. Yo he decidido que voy a cambiar. He determinado que voy a vivir diferente; hay *metanoia* en mi vida".

Tus errores del pasado van a hacer que el pecado venga a tocarte a la puerta. Siempre va a venir la tentación. Pero para que tengas *metanoia*, tienes que saber que no hay nada que el enemigo o el mundo traigan que se pueda enseñorear de ti, si tú decides que no se va a enseñorear. Tú puedes tomar la decisión de tomar autoridad, de asumir el poder y decir: ¡Hasta aquí. Cierro esta puerta, y no a voy a abrirla nunca más!

Tú puedes vivir una vida transformada. Hay una mejor vida. Hay algo más grande y poderoso que Dios tiene para ti. Hay una experiencia más grande con el Espíritu Santo que Él tiene para ti. Empieza por un verdadero arrepentimiento... ¡*Metanoia*!

REFLEXIONA:

Ya sabes que nadie se arrepiente en el vacío.

1. ¿Qué aspiras que llegue a tu vida que te motive a transformar tu manera de pensar?

2. Haz una lista de todo aquello en tu vida que reconoces que te aleja de Dios.

3. Describe en tiempo presente, como si estuviera pasando ahora, cómo sería tu vida si estuvieras más cerca de Dios y recibieras lo mejor de Él.

Creer a pesar de las dudas

Jesús le dijo: Si puedes creer, al que cree todo le es posible. E inmediatamente el padre del muchacho clamó y dijo: Creo; ayuda mi incredulidad. (Marcos 9:23-24)

"*Creo. Ayuda mi incredulidad*". Solo toma un instante de fe para que tu vida cambie para siempre. Las personas piensan que fe es la ausencia de incertidumbre. Creo que el nivel de fe que manifiestas en tu vida está basado en el nivel de incertidumbre que eres capaz de manejar. Por esta razón no es indispensable eliminar todas tus dudas para poder activar el poder de la fe. Es poderoso cuando te atreves a creer

> CUANDO EMPIEZAS A CREER POR ENCIMA DE TUS DUDAS, OCURRE EL MILAGRO.

a pesar de tus dudas. Las personas piensan que tienen que eliminar las dudas para que ocurra un milagro. Cuando empiezas a creer por encima de tus dudas, ocurre el milagro. En realidad, yo veo mi fuerza espiritual cuando, a pesar de la duda, estoy dispuesto a creer. A pesar de lo que dice mi mente, estoy dispuesto a creer porque la fe se produce en el espíritu; la duda viene de la mente.

Todos nos encontramos en esta encrucijada. Si no crees, piensas que tienes que regresar a la vida de la que quieres salir. Si no empujas tu fe, lo único que te queda es aceptar la vida de la que sabes que debes salir, o regresar a ella.

Hay dos momentos interesantes en la vida del ser humano en cuanto a las experiencias que forman su conciencia.

1. Está el momento cuando los creyentes hacen de una bendición temporera algo permanente. Fue una bendición en un momento, pero no tiene que durar toda la vida; y si quieres alcanzar una nueva dimensión, tienes que renunciar a la bendición de ayer para atreverte a creer por lo nuevo que Dios tiene para tu vida.

    El pueblo de Israel vivió 40 años en bendición en el desierto, cuando originalmente, Dios lo quiso para 40 días. Durante este tiempo, Dios enviaba desde el cielo un alimento conocido como maná para poder sostenerlos. El mismo se supone que fuera por tan solo un corto periodo de tiempo. Dios tenía preparados para su pueblo manjares deliciosos en la tierra prometida, pero mientras llegaban, el maná les sostendría. ¡Qué triste es cuando el maná de 40 días nos lo comemos durante 40 años! El maná siempre fue una bendición basada en la posición en que se encontraba el pueblo en aquel momento.

Muchas de las cosas por las que oras hoy porque quieres salir de ellas son contestaciones a tus oraciones pasadas. Dios quiso que fueran por un momento, y tú las convertiste en algo más extenso. Por eso te quejas de lo que es una contestación a una petición de ayer. Hiciste permanecer lo que pediste, y era una bendición solo para un tiempo.

El maná era un tipo de pan que descendía del cielo todas las mañanas. El pueblo tenía que recoger todo lo que se comería durante ese día. No podía guardarlo de un día para otro porque se llenaba de gusanos. El único día que se podía recoger doble porción era el sexto día porque el día siguiente era día de reposo, no caería maná, y este no se agusanaba. Era una comida provisional para satisfacer su necesidad de alimento en las mañanas, mientras caminaban por el desierto, camino que debían recorrer en 40 días como máximo. Sin embargo, por tener su mente todavía en Egipto anduvieron 40 años en el desierto, pero el maná cesó tan pronto llegaron a los límites de Canaán. La idea de libertad que ellos tenían en sus mentes era la de no trabajar tan excesivamente como lo hacían en Egipto. Anhelaban ser libres, pero no disfrutaban la libertad que ya tenían porque en sus mentes todavía eran esclavos. Clamaban a Dios para que los librara, pero ellos no querían perder "los beneficios" que le proporcionaba su "esclavitud".[1]

Tú oraste por un trabajo y Dios te lo concedió. Sin embargo, el trabajo que tienes hoy no llena tus expectativas porque hiciste de ese trabajo algo permanente, sin darte cuenta de que Dios te lo dio de forma temporera porque Él tenía algo más grande para ti. El problema es que dejar ese trabajo hoy se hace complicado porque para entrar en lo que Dios tiene para ti, tienes que arriesgar lo mismo que arriesgaste para recibir de Dios el trabajo que tienes hoy.

> ## DEL DESIERTO SALES TÚ, CREYENDO QUE PUEDES ENTRAR A LA TIERRA PROMETIDA.

Ese trabajo que fue una oración contestada pudo haber sido una etapa de tu vida, cuando eso era lo que podías recibir porque estabas en un desierto. En el desierto, eso era lo que Dios podía hacer por ti: darte maná porque en el desierto no nacen uvas. Pero te acostumbraste tanto al maná, que ahora, cuando ves la tierra prometida, no te atreves a extenderte a esa dimensión que es la que Dios tiene para ti.

Tú convertiste una bendición temporera en una permanente. Te quejas del maná porque estás comiendo lo mismo, pero lo único que tienes que hacer para dejar el maná es salir del desierto. Y Dios no te va a sacar del desierto, aunque te sacó de Egipto. Del desierto sales tú, creyendo que puedes entrar a la tierra prometida …creyendo que puedes entrar al próximo nivel del lugar a donde Dios te quiere llevar.

2. Si difícil es sacar a un creyente de una bendición temporera a una bendición mayor, más difícil aún es sacarlo de las malas experiencias que han formado su manera de pensar, y que le han hecho bajar las expectativas.

Nuestra fe no puede estar basada en las experiencias de nuestro pasado, sino en lo que Dios ha prometido para nuestro futuro. Todos pasamos por momentos en nuestras vidas que nos hacen cuestionar si realmente vale el esfuerzo perseguir ciertas metas o deseos, simplemente porque experimentamos un fracaso momentáneo. Lamentablemente, nuestros fracasos tienden a llevarnos a bajar nuestras expectativas del futuro, comenzamos a comprometer los deseos de Dios para nosotros, y nos conformamos con cosas inferiores a lo que Dios nos ha prometido.

Nuestra fe debe estar basada en lo que Dios nos ha prometido, no en las experiencias de nuestro pasado. Todos experimentamos momentos difíciles, tomamos decisiones erróneas, vivimos consecuencias que nos hacen pensar en si lo que hicimos fue correcto, si vale la pena continuar luchando por nuestras metas o deseos. Un fracaso para nosotros, grande o simple, reduce y elimina las expectativas de un futuro prometedor, y nos conduce a conformarnos con cosas menos retadoras que están por debajo de lo que Dios quiere para nosotros. Nos enfocamos en el sentimiento de frustración y de decepción que nos invade al pensar que no logramos lo que anhelábamos, o que no hicimos lo que debíamos hacer. Le damos rienda suelta a esos pensamientos negativos que lo que hacen es minar, reducir nuestra fe en que Dios es amoroso y perdonador. Vemos las cosas desde el punto de vista de lo que humanamente debimos haber hecho y no hicimos, y nos convencemos de que no tenemos la capacidad para hacer algo mejor y distinto. Llegamos a pensar que en todas las circunstancias actuaremos de la misma

> **NUESTRA FE DEBE ESTAR BASADA EN LO QUE DIOS NOS HA PROMETIDO, NO EN LAS EXPERIENCIAS DE NUESTRO PASADO.**

forma, o que nos harán lo mismo otra vez. Entonces actuamos a la defensiva pensando que todos se acercan a nosotros con las mismas intenciones. La decisión es no permitirnos vivir lo mismo otra vez.

> SI PERMITES QUE TU MENTE SEA FORMADA POR FRACASOS, NO PUEDES MOVERTE AL PRÓXIMO NIVEL QUE DIOS TIENE PARA TI.

Por ejemplo, la mayoría de las personas que se divorcian se quieren volver a casar, pero el matrimonio anterior les bajó las expectativas en cuanto a cómo debe ser un matrimonio que dure para siempre. Un fracaso financiero no te quita las ganas de prosperar, pero baja tus expectativas. Estas son las personas que dicen cosas como: "Yo estoy bien mientras me alcance para vivir". Esta persona desea prosperar, pero prefiere conformarse simplemente por el miedo a experimentar algún fracaso. Una mala experiencia en el trabajo no te quita las ganas de trabajar, pero baja las expectativas para seguir hacia adelante. Si permites que tu mente sea formada por fracasos, no puedes moverte al próximo nivel que Dios tiene para ti. Salir de ese desierto de malos recuerdos y cambiar tus expectativas va a exigir en ti una *metanoia*: un cambio de pensamiento y de propósito.

Momentos que invitan al cambio

Hay específicamente cuatro momentos principales cuando todo ser humano se enfrenta a la posibilidad de una *metanoia*. Son momentos críticos cuando te ves en la encrucijada de decidir si vuelves atrás o cambias tu vida.

1. **Cuando te enfrentas a una crisis.** Este es un buen momento para ser transformado; para ver ante ti la oportunidad de una nueva vida, y aceptar una nueva posibilidad. No todo el mundo acepta un reto así. La mujer que tenía flujo de sangre lo había perdido todo, y vio una posibilidad. Imagino que pensó: "O me arrastro hacia lo que quiero, o sigo viviendo como estoy". La crisis es el momento cuando dices: "O vuelvo atrás, o busco mi milagro y soy transformado totalmente".[2]

La mujer que tenía flujo de sangre había padecido de un sangrado vaginal durante doce años. Según el relato, era una mujer con recursos económicos, pues nos dice la Biblia que había gastado todo lo que tenía tratando de encontrar una cura para su condición, pero no lo había logrado. Según la Ley, ella era inmunda. Nadie podía tocarla; dondequiera que ella se sentara, ese lugar quedaba inmundo. Su cama, sus ropas, todo lo que tocaba era considerado inmundo. Su vida durante doce años había sido como un exilio, apartada de todos. Imagino su angustia por no poder compartir con sus seres queridos ni amistades.

Por su condición física debía tener una apariencia débil, enjuta, ojos hundidos, pálida, era un milagro que estuviera viva aún. Tuvo que arrastrarse hacia Jesús para obtener su milagro, pues si era reconocida no le hubieran permitido que se mezclara con la multitud. No recibiría su milagro si alguien descubría su identidad. Estaba ante la posibilidad de terminar con doce años de soledad, marginación, inmundicia, desprecio. Así que esa era su última oportunidad para recuperar su vida, y tener una nueva oportunidad de vivir dignamente dentro de la sociedad. ¡Y se arriesgó para tener una nueva vida!

2. **Llegar a cierta edad.** Cuando te golpea la edad o te golpea el tiempo, piensas: "O vuelvo atrás y me resigno a que mi vida se quede como está, o creo en que Dios tiene mejores cosas para mí, y me atrevo a transformarme para vivir mejor". La edad y los tiempos nos llevan a decisiones. El problema es que hay personas que cuando llegan al nivel de crisis de edad, piensan en lo que no vivieron, se vuelven ridículos haciendo cosas que no debieron haber hecho nunca, y al final, eso no es lo mejor que Dios tiene para ellos.

3. **El momento cuando te enfrentas a la Palabra de Dios.** Cuando empiezas a leer la Palabra de Dios, de repente tu vida cambia. Hay momentos en que los versículos empiezan a salir de las páginas y a provocar que tú seas transformado. La Biblia dice en el libro de Nehemías que cuando el pueblo leyó la Palabra, comenzaron a llorar, y decidieron cambiar su condición, transformar la ciudad y construir las murallas. Entendieron lo que debía estar pasando en sus vidas, y se dieron cuenta de que no habían estado haciendo absolutamente nada.

Una de las razones por las que las personas no actúan en momentos de crisis es porque desconocen los detalles de la situación. Aunque las circunstancias adversas están sobre ellos, como no conocen todos los detalles que originan la situación, no pueden accionar de la manera correcta. Esto era lo que sucedía con el pueblo y Nehemías. Se habían habituado al exilio, aunque extrañaban su ciudad. Hay un proverbio popular que dice "que aquel que no conoce su historia o su pasado está condenado a vivirlo dos veces". Esa era la situación de Nehemías y el pueblo.

Las personas que lograron regresar a Jerusalén tenían situaciones que ellos no imaginaban. Su seguridad estaba siempre en peligro porque los muros de la ciudad estaban destruidos. Tampoco podían reconstruirlos porque los enemigos no se lo permitían, y ellos estaban tan atemorizados que se habían dado por vencidos; no hacían nada para reparar el muro. Cuando permitimos que el miedo se apodere de nuestros sentidos, quedamos paralizados. Aunque sepamos qué debemos hacer, no tenemos la fuerza necesaria para realizarlo. Pero cuando el pueblo comenzó a escuchar las hazañas que había hecho Jehová con sus antepasados en el desierto, y la conquista de aquella tierra, su fe y su esperanza comenzaron a levantarse. Recuperaron el ánimo. Nehemías halló gracia delante del rey, y obtuvo todos los permisos necesarios para reconstruir el muro. Recibió además la fortaleza interna para enfrentarse a los enemigos de Israel y al pueblo mismo en su decepción y temeridad.

> EN OCASIONES, LO QUE HACE FALTA ES QUE TE RECUERDEN LAS PROMESAS QUE HAS RECIBIDO.

Cuando tienes una palabra que te guía, no importan las circunstancias que vivas, tienes dirección, confianza, esperanza y fe de que lograrás tu objetivo.[3] Lo que el pueblo necesitaba era alguien que les recordara de dónde Dios los había sacado, y cómo habían llegado a conquistar aquella tierra.

En ocasiones, lo que hace falta es que te recuerden las promesas que has recibido, las maravillas que has vivido, para que te des cuenta de que lo puedes lograr.

4. **Cuando alguien que te ama, te confronta.** Esta es una oportunidad para una transformación. David había cometido varios pecados, y el profeta lo confrontó. En ese momento, David se tiró de rodillas y se arrepintió. ¿Quién continuó el reinado de David? Salomón, pero Salomón no era el primer hijo de David; era Absalón. Se supone que los primeros tendrían el reinado, pero los primeros se volvieron rebeldes contra Dios. Y Dios usó a Salomón porque David se arrepintió. Sin embargo, Saúl no se arrepintió, y Jonatán no asumió el reinado. La diferencia entre Saúl y David fue arrepentirse. David decidió que debía tener una *metanoia*, que tenía que cambiar, ver las cosas de una manera diferente, permitirle a Dios que cambiara su vida y la transformara, porque él no quería volver a la vieja vida y al pasado.

Este es el momento cuando tú tienes que permitir que Dios ponga su identidad sobre tu vida, y te lleve al destino que Él tiene para ti. Es momento de decir: "Yo no voy a regresar atrás a la vida pasada, y lo que Dios tenía intención de que fuera una bendición temporera, no lo voy a convertir en algo permanente. Voy por más, en el nombre poderoso de Jesús".[4]

Dios puede transformar tu vida. La decisión está en tus manos.

Desaprende y cree

Cuando llegamos a esos momentos cruciales en nuestra vida, lo más grande que Dios quiere hacer no es enseñarnos algo; es que desaprendamos algo. Más difícil que enseñarle algo a alguien es hacer que desaprenda lo que aprendió. Más difícil que enseñarte algo nuevo es llevarte a un punto en tu conciencia, en tu interior, donde desaprendas lo malo que aprendiste para que puedas cambiar tu manera de pensar.

> PARA RECIBIR LO NUEVO TIENES QUE DESAPRENDER LO VIEJO QUE TE ENSEÑARON.

Lo que tú piensas hoy fue formado por tus experiencias pasadas, conocimientos pasados. Y lo que sabes hoy no te va a llevar a donde Dios te quiere llevar. Hasta que no desaprendas lo que ha formado tu manera de ver y vivir la vida, no puedes recibir todo lo que Dios tiene para ti. Después que se te mete en la cabeza que todos los hombres son malos, que no puedes prosperar, que eres triste, que Dios no te quiere prosperar y que Él necesita que tú seas humilde, para recibir lo nuevo tienes que desaprender lo viejo que te enseñaron. Sin darnos cuenta, dejamos que el mundo forme nuestra conciencia, y lo que las personas piensan que debemos experimentar. Cuando permites que eso se meta en tu interior y en tu corazón, nunca podrás vivir todo lo que Dios tiene para ti.

El problema es que desaprender te pone en ambigüedad y en inestabilidad porque todo lo que tienes hoy es formado por tu manera de pensar, que ha sido a su vez formada por tus expectativas. Tienes que vencer esas expectativas. Tienes que desaprender eso porque esa manera de pensar te baja las expectativas de lo que Dios quiere para ti, y tu reacción ante las situaciones es de duda y no de fe.

Vuelve a los versículos que cité al principio en Marcos 9:14. Jesús viene del monte, transfigurado, y se encuentra con los incrédulos discípulos que no pueden hacer lo que Él ha dicho que van a hacer. ¿De dónde venía la incredulidad de este hombre? ¡Que llevó su hijo a los discípulos y los discípulos no pudieron hacer nada! ¿A cuántas personas tu vida, en vez de producirles fe, les produce incredulidad? Piensa. ¿Cuántas personas saben que visitas tu iglesia y cuando sales, hablas como la vieja criatura? "Es que no se puede, esto está malo, la cosa está difícil", y hay una contradicción entre de donde vienes y como vives; entre el Dios al que sirves y el Dios al que representas.

La primera demostración de fe de este hombre está en lo que hizo, en decir: "¿Ustedes no pudieron? Yo voy a buscar más adelante. ¿Ustedes no pudieron? Yo voy a buscar a Cristo". Una de las primeras cosas que me habla de tu fe es que siempre estás buscando y dices: "Yo no me voy a quedar atrás, yo rehúso vivir con esta situación el resto de mi vida, y si tú no me puedes ayudar, yo voy a buscar más adelante".

En esos versículos, un padre preocupado por la condición de su hijo había buscado ayuda, pero no la había obtenido. En su desesperación escucha hablar de los milagros que hacen Jesús y sus discípulos. Por tal motivo acude a los discípulos de Jesús para que le ayuden. El muchacho desde niño era atormentado por un espíritu mudo que lo echaba en el fuego y en el agua, intentaba matarle; lo tiraba al suelo y lo revolcaba, crujía los dientes y se iba secando. Así que cuando el hombre escucha hablar sobre los milagros que hacían Jesús y sus discípulos, nació en él la esperanza de que su hijo al fin podría ser libre de aquel tormento.

¡Qué triste decepción fue para el hombre al ver que los discípulos no pudieron liberar a su hijo de aquel espíritu, situación que produjo una discusión entre ellos! Pero esto no disminuyó la fe del hombre. Como los discípulos no pudieron, entonces él acude a Jesús directamente.

Este hombre nunca permitió que el hecho de que alguien no pudiera le quitara la fe en que algo podía cambiar. Puede ser que tú hayas buscado ayuda, tras ayuda, tras ayuda, para el problema que has estado viviendo, y te preguntas hasta cuándo vas a seguir buscando. ¿Sabes hasta cuándo? Hasta que el milagro se complete. Porque la primera demostración de fe es que tú dices: "Yo no nací para vivir de esta manera, y si lo último que hago es morir buscando la respuesta que necesito, lo haré porque eso demuestra mi fe en que Dios me creó para algo más grande, y que tiene que haber solución para esto".

No podemos negar que todos los intentos crean duda; que todos los fracasos pasados bajan las expectativas. No podemos negar que todas aquellas cosas que te sucedieron empiezan ahora a formar tu manera de ver la vida, y piensas: "Toda la vida estaré frustrado por lo que no ocurrió. ¿Para qué creer por algo si lo que yo esperaba que sucediera no sucedió?". Cambia tus pensamientos, y persigue la vida que Dios te prometió.

> TE PREGUNTAS HASTA CUÁNDO VAS A SEGUIR BUSCANDO. ¿SABES HASTA CUÁNDO? HASTA QUE EL MILAGRO SE COMPLETE.

Cuando Cristo dijo: *"Si puedes creer, al que cree todo le es posible"* (Marcos 9:23), la reacción inmediata fue "creo". Después vino la duda. Si la duda viene primero, tu frustración del pasado está controlando tu fe. Si dudar es la primera reacción ante la posibilidad de que algo cambie, tu mente está controlada por las viejas expectativas que han sido frustradas. Sacarte de esa duda es difícil porque tienes que desaprender. Tienes que decir: "Yo no vuelvo a esa vieja vida. Yo voy a vivir todo lo que Dios tiene para mí, y voy a creer por algo más grande, por algo más poderoso. Voy a creer porque mi vida puede cambiar".

Tu vida se seca cuando vives el mismo problema día tras día, y permites que tus expectativas bajen por causa de tus viejas experiencias. Pero si la primera reacción de tu espíritu es decir "creo, aunque tenga duda", entonces hay posibilidad de que algo cambie en tu vida. Cuando afirmas "sí, me atrevo a creer", experimentas la transformación que Dios tiene para ti. Es el momento cuando puedes recuperar tu vida, experimentar *metanoia*, y recibir la vida que Dios tiene para ti y para los tuyos, la vida que Él te ha prometido: una vida llena de plenitud, una vida donde su propósito se manifiesta dentro de ti, donde no tienes que vivir secándote porque vives en el mismo problema.

> LA *METANOIA* LLEGA A TU VIDA CUANDO A PESAR DE TUS DUDAS, SIGUES CREYENDO.

Si tú eres capaz de creer por encima de tus dudas, si eres capaz de tomar acción por encima de tus errores pasados, a pesar de que no pudieron ayudarte; si puedes decir: "nada me va a quitar la fe de creer que algo va a pasar", va a llegar el momento donde Dios va a transformar tu vida, y vas a llegar a ser todo lo que Dios quiere que tú seas.

Deja de tratar de eliminar todas las dudas, y cree por encima de ellas. Cree por encima de tus frustraciones y de tus expectativas, que has bajado por causa de los fracasos que has tenido. Cree que algo puede ocurrir. Cree que tu vida puede ser mejor. Cree que puedes alcanzar lo que Dios tiene para ti.

Hay cosas en tu vida que ya no van a pasar. Pasó el tiempo. Pero no permitas que aquello que no pasó elimine la posibilidad de todo lo que Dios quiere que pase en esta época, de todo lo que Dios tiene para ti. La *metanoia* llega a tu vida cuando a pesar de tus dudas, sigues creyendo.

Aprende a vivir por encima de las circunstancias. Aprende a vivir por encima de tus fracasos pasados. Aprende a vivir por encima de las malas experiencias, y por encima de todas aquellas cosas que han formado tus expectativas de lo que Dios tiene para ti. Permite que Dios ponga dentro de ti su revelación, su carácter y su corazón, para que puedas experimentar todo lo que Él te ha prometido.

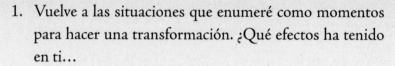

REFLEXIONA:

1. Vuelve a las situaciones que enumeré como momentos para hacer una transformación. ¿Qué efectos ha tenido en ti...

   a.   enfrentarte a una crisis?

   b.   la edad que tienes frente a lo que deseas de la vida?

   c.   leer la Palabra de Dios?

   d.   ser confrontado por alguien que te ama?

2. Haz tu propia lista de momentos cuando te has dado cuenta de que necesitas cambiar tu manera de pensar. ¿Te decidiste a cambiar o no? Si no lo hiciste, ¿qué te detuvo?

3. Recuerda momentos o situaciones cuando tuviste dudas en creer. ¿Te está pasando ahora mismo? Repítete a ti mismo 7 veces: "Creo, a pesar de cualquier duda".

4. ¿Cuáles son tus expectativas de lo que Dios tiene para ti?

¿Interrupción o rescate?

Porque, aunque os contristé con la carta, no me pesa (…)
Ahora me gozo, no porque hayáis sido contristados, sino
porque fuisteis contristados para arrepentimiento; porque
habéis sido contristados según Dios, para que ninguna pérdida
padecieseis por nuestra parte. Porque la tristeza que es según
Dios produce arrepentimiento para salvación (…); pero la
tristeza del mundo produce muerte. (2 Corintios 7:8-10)

Dentro del proceso del verdadero arrepentimiento, hay una etapa cuyos términos debes reconocer en tu espíritu: la interrupción de Dios o el rescate de Dios.

> SI NO ACEPTAS LAS INTERRUPCIONES DE DIOS, TENDRÁS QUE ESPERAR POR SU RESCATE.

Si no aceptas las interrupciones de Dios, tendrás que esperar por su rescate. El rescate es más difícil porque en el rescate siempre vas a perder algo, debido a que tienes que decidir dejar o abandonar algo que hasta ese momento estimabas valioso. Una situación de rescate implica la negociación de un cambio, y nos ubica en el momento de tomar decisiones que tal vez hemos pospuesto por mucho tiempo. Ahora se presenta una situación en la que tenemos que tomar la decisión correcta para que el plan de Dios se haga realidad en nuestra vida.

A través de la vida, Dios interrumpe nuestro camino hasta en medio de decisiones que llevamos a la acción. Comenzamos a caminar hacia nuestras metas, y de repente experimentamos ciertos momentos donde nuestro progreso se ve detenido. Tal vez nos encontramos en encrucijadas donde tenemos que tomar nuevas decisiones que pueden traer consecuencias importantes al plan de Dios en nuestras vidas.

Muchas veces nuestra reacción inmediata es culpar al enemigo por estos momentos. Tu reacción inmediata es: "Empecé, y el diablo no me deja seguir". ¿Y si es Dios el que te está interrumpiendo? A veces, Dios dice: "Aunque tengas buenas intenciones, eso no es lo que yo tengo para ti ahora. Puede ser que lo quiera para ti de aquí a 10 años, pero no ahora". Dios comienza a interrumpir nuestra vida, y no nos gusta o no entendemos; a menudo ni obedecemos. Son momentos específicos en los que pensamos que deberíamos ir en una dirección, pero de repente todo cambia en sentido contrario. Muchas veces nos irritamos tanto por lo sucedido, que no vemos a Dios en medio de las circunstancias.

Se parece al problema de los jóvenes, que ven a los padres como una interrupción, y ese es nuestro trabajo: interrumpir las vidas de los hijos, e interrumpir sus malas decisiones. La verdad es que hoy los niños y los jóvenes se enfrentan a otras cosas que tú y yo no enfrentamos. Están siendo bombardeados continuamente por información. ¿Tú crees que cada rótulo en la carretera, cada anuncio que hay en cada pared no les afecta? Hay información correcta e incorrecta, sobre todo, por todos lados. Los padres tenemos que interrumpir las necedades de nuestros jóvenes porque, si no lo hacemos, los que vamos a tener que rescatar y remediar somos nosotros.

> DIOS TIENE EL PODER PARA RESCATARTE, SACARTE DE DONDE ESTÁS, Y DEVOLVERTE A LA VIDA QUE ÉL TE HABÍA PROMETIDO.

Cuando Dios nos interrumpe, nosotros también nos comportamos como niños. Le echamos la culpa al diablo cuando Dios lo que quiere es evitar que nosotros vayamos por unos caminos donde rescatarnos sería más difícil. Lo grande es que si algún día no aceptas la interrupción de Dios, Él, como Padre celestial, siempre estará dispuesto a rescatarte. Si has llegado al punto en que no tomaste las decisiones correctas, no aceptaste la interrupción de Dios y estás preso de una circunstancia, rescate puede llegar a tu vida.

Dios tiene el poder para rescatarte, sacarte de donde estás, y devolverte a la vida que Él te había prometido, a pesar de tus propios errores.

> *Cuando volvía de la derrota de Quedorlaomer y de los reyes que con él estaban, salió el rey de Sodoma a recibirlo al valle de Save, que es el Valle del Rey. Entonces Melquisedec, rey de Salem y sacerdote del Dios Altísimo, sacó pan y vino; y le bendijo, diciendo: Bendito sea Abram del Dios Altísimo (…)*

Y le dio Abram los diezmos de todo. Entonces el rey de Sodoma dijo a Abram: Dame las personas, y toma para ti los bienes. Y respondió Abram al rey de Sodoma: (…) desde un hilo hasta una correa de calzado, nada tomaré de todo lo que es tuyo, para que no digas: Yo enriquecí a Abram. (Génesis 14:17-23)

Abraham va a rescatar a Lot de Sodoma y Gomorra. Sale próspero y el rey de Sodoma le recibe en el valle de Save. Entonces Melquisedec le bendice, y le da pan y vino. Abraham le da los diezmos, consagra la victoria con el sacerdote de Dios, y el rey de Sodoma viene a hacerle una oferta a Abraham. Gloria a Dios, Melquisedec interrumpió. El pan representa la Palabra; el vino, el Espíritu; y la bendición es la Palabra que se desata sobre su vida. Si Abraham hubiera aceptado el pacto con Sodoma, habría atrasado el plan que Dios tenía para él.

> CUANDO TÚ PERMITES QUE DIOS INTERRUMPA TU VIDA, YA NO TOMAS LA DECISIÓN INCORRECTA PORQUE ACEPTASTE LA INTERRUPCIÓN DE DIOS.

Desde el principio, Abraham tomó algunas decisiones que retrasaron los planes de Dios para su vida. Sin embargo, la confianza que él había desarrollado a través de sus vivencias con Dios llegaba al extremo de obedecerlo sin cuestionar las consecuencias o los resultados de la acción. Cuando el rey de Sodoma le hace su ofrecimiento, Abraham no lo acepta porque sabe y conoce que todo lo que Dios le había prometido, se lo había cumplido. No necesitaba que nadie le diera lo que Dios ya le había dado. Aprendió a identificar y a reconocer la presencia de Dios en sus asuntos.

Cuando tú permites que Dios interrumpa tu vida, ya no tomas la decisión incorrecta porque aceptaste la interrupción de Dios. Hay negocios que son buenas ideas, pero no son negocios de Dios. Te obstinas en entrar a un negocio porque te parece bueno, te causa problemas, y tienes que pedir a Dios que te rescate. Es más fácil que Dios te interrumpa, a que te tenga que rescatar. En el rescate siempre hay pérdida.

Para aceptar la interrupción de Dios…

+ Tienes que ser sensible a la voz de Dios; al Espíritu Santo dentro de ti que te dirige.

+ Tienes que dejar el orgullo. Nadie orgulloso se deja interrumpir, y su expresión puede ser: "aunque sea lo último que haga, voy a continuar lo que quiero hacer". ¡Cuidado! Puede ser realmente lo último que hagas. Tiene que haber suficiente humildad y obediencia a Dios en tu mente.

+ Tiene que dejar de importarte lo que las personas piensen. Así hablas: "¿Qué van a pensar si no termino? Yo dije que lo iba a hacer, y van a pensar que soy inconstante".

+ Tienes que saber con quién tienes comprometidas tus finanzas.

En muchas de las cosas donde hubo interrupciones en la Biblia, había un diezmo o una ofrenda establecidos. Hay un trato que Dios tiene con aquellos que están comprometidos con Él en sus finanzas. Recuerda que la mayoría de tus malas decisiones las tienes que pagar con dinero. Cuando comprometes tus finanzas con Dios, adquieres sabiduría en el uso del dinero, y Dios dirige tus pasos.

Insisto: si no aceptamos las advertencias de Dios, vamos a tener que esperar por el rescate. Tomó todo el poder de Dios para sacarte de donde estabas, y Dios nunca te saca de algo para no llevarte al lugar que tiene para ti. El mayor rescate de Dios para el pueblo de Israel no fue rescatarlos de Egipto, sino de ellos mismos. El mayor rescate que Dios puede hacer por ti es rescatarte de ti mismo.

> EL MAYOR RESCATE QUE DIOS PUEDE HACER POR TI ES RESCATARTE DE TI MISMO.

Cuando entramos en momentos difíciles provocados por nuestras malas decisiones al no haber discernido la interrupción de Dios, el rescate es más complicado porque luego del rescate, debido a tus malas experiencias, siempre quedarán cicatrices. La cicatriz ya no duele, pero te recuerda que te hirieron, y es triste que la cicatriz cautive más tu memoria que el poder de Dios que te sacó de esa situación. Es triste que tu vida sea presa de tus cicatrices, en vez de ver todo lo que le tomó a Dios sacarte de donde te sacó. Lo difícil del rescate es que tienes que vivir en tu mente con lo que experimentaste. Se hace más patente lo que te pasó porque sabes que Dios te interrumpió, y no lo tomaste en cuenta.

Dios te ha salvado de muchas cosas. Cuando miras hacia atrás, ves todo de lo que Dios te ha librado. Es difícil rescatarte de ti mismo. Por eso debemos aceptar las interrupciones, y esos momentos donde Dios nos cierra el paso hacia cosas que Él no quiere que hagamos.

Nunca pienses que puedes jugar con fuego y no te vas a quemar. Nadie que se acerca tanto a Sodoma no es marcado por lo que ve.

¿Por qué se hace tan difícil ese rescate?

Cuando estamos en esa situación, pensamos que nada se puede hacer, y que merecemos el castigo de las malas decisiones. Como pedimos tanta justicia cuando nos lastiman, si nosotros cometemos un error aceptamos ese castigo, y no entendemos el poder de la misericordia y de la gracia de Dios. Tenemos tanta sed de justicia que hay poca misericordia entre los cristianos, incluyéndonos a nosotros mismos.

Ante el rescate de Dios, la primera decisión que tomamos es la que tomó Adán: esconderse. Cuando Dios nos rescata del escondite:

1. Las cicatrices siempre nos recuerdan quiénes nos hirieron.

2. Esas malas decisiones nos ponen a la defensiva, cuidándonos, en vez de vivir proactivos y con fe.

3. Se nos hace más difícil distinguir la voz de Dios sobre las de nuestras emociones y el miedo. Por miedo, entras en un estado de indecisión. Ahora quieres tener tanto cuidado de no cometer un error, que nunca vives por fe ni por la dirección de Dios. Lo único que haces es huir. Pero nunca te podrás esconder del Dios que te ama tanto, que desde el principio que el hombre falló, siempre ha estado buscando encontrarse con el hombre.

La relación que tenían Adán y Dios era perfecta. Dios había creado un ambiente excepcionalmente perfecto. El trabajo que le correspondió al hombre fue el de administrar y disfrutar de todo lo creado. En el momento en que no se halló ayuda idónea para él, le fue creada y entregada a la mano. No necesitaba nada, lo tenía todo. Pero la serpiente, inducida por el enemigo, logró sembrar la duda y todo se desarticuló. El hombre decidió satisfacer la duda, y comió del único árbol que no debía. Ahora conoce el miedo, la vergüenza, y se esconde.

Cuando cometemos errores, eso es precisamente lo que hacemos. Nos sobreviene el temor, nos avergonzamos y no queremos ver a nadie; nos escondemos. Sabemos las consecuencias de nuestros actos. Tal vez las hemos solicitado para otros; y tal vez, con mucha vehemencia y furor. Adán se escondió porque sabía cuál era el castigo o las consecuencias de aquella terrible decisión. El hombre no se presentó ante Dios. Dios salió a buscarlo y lo llamó como acostumbraba hacerlo. No lo hizo porque ignorara lo sucedido, sino porque sin importar la desobediencia, su amor por el hombre es infinito, y sobrepasa cualquier error. Así que el hombre tuvo que salir de su escondite y enfrentarse con su creador.[1]

Llegó el momento de salir de tu escondite, de tus miedos y de tus frustraciones. Llegó el momento de que tengas una *metanoia* en tu vida, y entiendas que el poder del rescate de Dios es más grandioso que cualquier dificultad que hayas pasado.

> NO HAY MALA DECISIÓN DE LA QUE EL PODER DE DIOS NO PUEDA RESCATARTE.

Dios nunca te va a reclamar, y es capaz de restaurarte todo lo perdido si eres capaz de salir de tu escondite y le dices al Señor: "Llévame al lugar que tienes para mí". Muchos hombres de la Biblia se escondieron, y te digo que el ángel de Dios no entra a la cueva. Habla contigo cuando sales de la cueva.

Llegó el momento de salir del pasado, de la cueva y de la dificultad. Tú no vas a pasar toda tu vida en una cueva. Dios no pasó tanto trabajo contigo para que tus cicatrices terminen con el potencial que Dios tiene para ti. Si has tomado malas decisiones, acepta el rescate de Dios y permite que Él te ponga en camino del lugar que tiene para ti. No hay mala decisión de la que el poder de Dios no pueda rescatarte. No hay mala decisión que, con el rescate de Dios, pueda cancelar lo que Dios tiene para tu vida.

Dios te interrumpió, y cuando no lo escuchaste, te rescató. Busca una *metanoia* en tu vida: transforma tu manera de pensar, tu destino y toda tu vida.

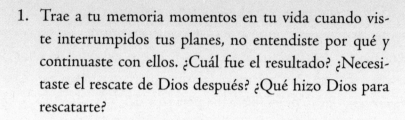

REFLEXIONA:

1. Trae a tu memoria momentos en tu vida cuando viste interrumpidos tus planes, no entendiste por qué y continuaste con ellos. ¿Cuál fue el resultado? ¿Necesitaste el rescate de Dios después? ¿Qué hizo Dios para rescatarte?

2. Ahora mismo, ¿ves una interrupción y piensas que es que el enemigo se interpone? ¿O puedes sospechar que Dios intenta interrumpirte? Mide las consecuencias de seguir o no seguir la interrupción de Dios.

3. Date tiempo y enumera cuántas veces y de qué situaciones Dios te ha rescatado. ¿Qué perdiste en el camino? Esos rescates, ¿se debieron a tus malas decisiones? ¿Te quedan cicatrices que no te permiten transformar tu vida?

Escoge en quién crees y a quién le crees

A ntes de continuar este libro que tiene un propósito claro contigo, quiero enfatizar el concepto de *metanoia*, para que lo sigas teniendo presente y claro. Te recuerdo que mi objetivo es que al terminar este libro:

+ Estés determinado a CAMBIAR de mente, corazón y espíritu.

+ Cambies hasta TRANSFORMAR tu vida y tu destino.

+ Tengas una fuerte AUTORIDAD PERSONAL.

+ Estés EMPODERADO para influenciar.

+ Y tengas una FE INMUTABLE.

No se trata de cambiar livianamente ni de arrepentirte superficialmente de errores pasados. Tampoco se trata de que sientas remordimiento, te sigas culpando, y tu vida siga igual. Eso solo logrará que continúes con la misma mentalidad, el mismo estilo de vida que te ha hecho cometer errores contra ti, contra los tuyos y contra Dios… Errores y decisiones, a veces tal vez involuntarios, pero que te han causado dolor y te han desviado de la vida que Dios tiene para ti.

Toda mi intención es que después que me leas, reflexiones y tengas una confrontación contigo mismo y con Dios, te decidas a arrepentirte profundamente y a desarrollar el poder de tu mente transformada. El significado de la palabra *metanoia* es:

+ Cambiar tu mente.

+ Cambiar tu manera de pensar desde lo más interno de tu ser.

+ Cambiar tu destino.

+ Cambiar tu propósito.

Tienes la necesidad, como todo ser humano, de corregir tu vida para ver el propósito divino en ti, que es siempre lo mejor. Y como no te puedes arrepentir en el vacío, recibirás todo lo que Dios te quiere dar. Claro que habrá dolor porque vas a recordar lo que hiciste mal. Pero créeme, después que tomes esta decisión personal de cambio total, cosas buenas vendrán a tu vida.

Tu transformación incluye cambios de hábitos y, como consecuencia, la selección correcta de las personas que influyen en ti.

> No erréis; las malas conversaciones corrompen las buenas costumbres". (1 Corintios 15:33)

Una mala conversación afecta las relaciones, y si la persona es demasiado influyente en ti, puede cambiar tu hábitos, lamentablemente los buenos. Un nuevo hábito cambia otro hábito, y puede romper una buena costumbre. Y una tradición o costumbre paraliza el poder de la Palabra de Dios.

Hay hábitos buenos que gobiernan la vida y nos mantienen estructurados. Es cuando más espacio podemos dar a la creatividad y a lo que Dios tiene para nosotros. El hecho de que respirar sea un acto involuntario regulado por el subconsciente y que no tenemos que pensar para que ocurra, nos permite el espacio para pensar en todo aquello que necesitamos decidir y resolver. Hay hábitos voluntarios y vitales para tener la libertad de escuchar a Dios: la meditación, la oración y el tiempo de estar con la familia.

Sin embargo, esas buenas costumbres pueden ser interrumpidas por malas influencias. Toda mala costumbre es traída por una mala influencia, y te oprime y te quita libertad. Lo triste es que es más fácil que se corrompa una buena costumbre

> TENEMOS QUE DECIDIR EN QUIÉNES CREEMOS, Y A QUIÉNES LES CREEMOS.

que lograr que alguien sea libre de una mala costumbre. En ocasiones, somos más afectados por los hábitos que malas influencias han introducido en nosotros y han provocado que no podamos vivir en libertad, haciéndonos presos de hábitos. Los malos hábitos te encierran en un círculo de cosas sin valor. En el momento de transformarnos, tenemos que escoger los hábitos y las personas que permitimos que influyan en nosotros. Tenemos que decidir en quiénes creemos, y a quiénes les creemos.

Cada vez que hablas lo negativo, has permitido que otros te influencien. Cuida tus conversaciones. Entendamos la voluntad de Dios entre nosotros.

El Espíritu Santo y tu transformación

El Espíritu Santo es la tercera persona del trino Dios. El Espíritu Santo es Dios, al igual que el Padre y el Hijo. Estuvo activo en la creación del mundo, de todo lo que existe y en la formación del hombre. Es una persona, y como tal habla, siente, se entristece, se alegra. Tiene como función enseñarle al creyente a vivir una vida que agrade a Dios. Él es quien capacita al individuo para realizar el propósito de Dios en su vida. Es quien convence al hombre de pecado. Es la presencia de Dios en la tierra. Es nuestro consolador, amigo y compañero. Fue quien inspiró las Escrituras.

Cuando el Espíritu Santo llega, todo cambia. El ser humano no puede continuar siendo la misma persona. Es como cuando conoces a esa persona a quien ves de una manera diferente a como ves a las otras amistades. Esa persona inspira en ti algo distinto. Al invertir tiempo con esa persona llegas a aprender, y a adquirir conocimientos y destrezas que antes no conocías. Tu vida cambia, porque esa persona influye en ti. Tú quieres agradarle.

Eso mismo sucede con el Espíritu Santo; como es una persona, nos podemos relacionar con Él. La diferencia es que es Dios mismo. Ninguna persona que haya tenido un encuentro con Dios y el Espíritu Santo continúa siendo la misma. Es que no es posible; tú ves la vida desde una perspectiva diferente. Lo que antes te producía temor, ya no lo provoca. Lo que antes te angustiaba ya lo no hace, porque cuando oras pidiendo ayuda al Espíritu Santo, la paz de Dios se manifiesta en tu vida, y te enfocas en la solución y no en el problema. Ahora puedes ver claramente cosas que antes no veías. No son nuevas, pero ahora puedes verlas desde otro punto de vista. Y es que Dios, el Espíritu Santo, tu consolador, amigo y consejero, está contigo dondequiera que vas. Ahora tienes control sobre tu vida y tu mente.[1]

> NINGUNA PERSONA QUE HAYA TENIDO UN ENCUENTRO CON DIOS Y EL ESPÍRITU SANTO CONTINÚA SIENDO LA MISMA.

Cuando estás en el Espíritu es cuando más claro piensas, ves las cosas como antes no las veías, y recibes revelaciones y las direcciones precisas para tomar decisiones. Esa es la influencia del Espíritu Santo en tu vida.

Escoge tus influencias

Todo creyente tiene que decidir bajo qué influencia va a estar porque la persona que influye en tu vida va a controlarte. Sin darte cuenta, le entregas tu libertad a esa influencia. Tienes que hacer una *metanoia* para no ser presa de los viejos hábitos ni de los malos hábitos de nadie. De la misma manera, cuando te decides a hacer una *metanoia*, tienes que decidir a quién le vas a permitir influenciarte. Tienes que buscar la influencia del Espíritu Santo y que Él te dirija, porque es cuando más autoridad tendrás sobre tu vida. El mundo no entiende y va a decir que estás loco, pero es cuando más cuerdo estás.

No puedes cambiar lo que crees hasta que cambias en quién crees, y a quién le crees. Es una determinación personal decidir quién te va a influenciar, y esta es una de las decisiones más poderosas para transformar tu vida. Si en tu vida hay una persona que ha ejercido una influencia negativa sobre ti, decide hoy que las palabras de esa persona no cuentan para ti.

> ## INFLUENCIA ES HONOR; PERMITIR INFLUENCIA ES HONRAR.

Influencia es honor; permitir influencia es honrar. Todo empezó con el diablo en el libro de Génesis. El diablo no tiene poder, pero sabe hablar. No aceptes lo que te hable (ni siquiera a través de alguien) porque te oprime si recibes lo que oyes. Ni prestes oídos a lo que dicen en la calle porque eso es suficiente para oprimir tu vida.

En tu vida no puede haber *metanoia* hasta que decidas en quién y a quién le vas a creer. Lo que tú haces trae significado y valor. Eres libre de influencias que crearon hábitos que te causaron una vida de opresión. Nadie puede ni debe decidir tu manera de pensar. Decide que el Espíritu Santo va a dirigir tu vida a partir de hoy.

REFLEXIONA:

1. Busca qué cosas del pasado formaron en ti hábitos que no te permiten alcanzar lo que Dios tiene para ti.

2. Sé honesto contigo mismo y enumera las personas cuyas influencias te hicieron daño o te aportaron malos hábitos.

3. Haz una lista de las personas cuya influencia ha sido positiva en tu vida.

4. Enumera los hábitos negativos con los que tienes que romper para iniciar tu transformación de vida.

Tu experiencia es única

"*Sed imitadores de mí, así como yo de Cristo*". (1 Corintios 11:1) Tu *metanoia* se va a manifestar en tu manera de actuar y de vivir porque cuando hay un arrepentimiento verdadero, un cambio de mente, de vida y de destino, hay un encuentro grande con Dios. Todos necesitamos transformaciones constantes para poder experimentar lo que Dios tiene, y esto comienza en momentos específicos donde Dios empieza a trabajar contigo. Tu relación íntima con Dios acompaña todo cambio auténtico, y también es necesaria para apoyar ese cambio.

Es poderoso asistir a la iglesia y orar, es mandato divino congregarse, pero nada sustituye tu relación íntima con Dios, ni tu oración. Tu conexión con Dios es única, y Él va a tocarte de manera personal en el servicio de adoración, pero no puedes comparar lo que Dios hace contigo con lo que hace con otro, porque puedes cometer el error de querer vivir lo que no es para ti.

Porque yo recibí del Señor lo que también os he enseñado: Que el Señor Jesús, la noche que fue entregado, tomó pan; y

habiendo dado gracias, lo partió, y dijo: Tomad, comed; esto es mi cuerpo que por vosotros es partido; haced esto en memoria de mí. Asimismo, tomó también la copa, después de haber cenado, diciendo: Esta copa es el nuevo pacto en mi sangre; haced esto todas las veces que la bebiereis, en memoria de mí. Así, pues, todas las veces que comiereis este pan, y bebiereis esta copa, la muerte del Señor anunciáis hasta que él venga.
(1 Corintios 11:23-26)

Esta fue la última cena del Señor con sus discípulos. Pablo no estaba en la cena porque él fue de los últimos discípulos, y los apóstoles tenían conflicto con él. Pedro caminó con Cristo, estuvo en la cena, pero no hubo cambios en él hasta que recibió al Espíritu Santo. Pablo tuvo una experiencia personal con el Señor que cambió su vida.

La Pascua era la fiesta más importante del pueblo judío. En ella recordaban que Dios los había liberado de la esclavitud en Egipto, y que los constituyó como una nación. Dios ordenó al pueblo poner sangre en los dinteles y postes de las casas para ser liberados del juicio y de la muerte que hubo en los hogares de los egipcios. La Pascua se celebraba a mediados de abril, junto con la fiesta de los panes sin levadura, y duraba siete días.

La última cena de Jesús con sus discípulos fue una cena de Pascua. En esta cena, Jesús le dio un nuevo significado a esta celebración, identificándose como *el Cordero de Dios que quita el pecado del mundo*. Allí se refirió a su cuerpo como pan, y a su sangre como vino. Se presentó como el Cordero de la Pascua. Su muerte en la cruz fue la base para el nuevo pacto. En el pacto mosaico, o el antiguo, los israelitas prometieron obedecer sus condiciones, y Moisés roció la sangre del animal sobre ellos. Esa era llamada la sangre del pacto.

El nuevo pacto fue establecido con la sangre de Jesús, un sacrificio superior en todos los sentidos a los sacrificios de animales, porque fue un sacrificio perfecto. No hubo en Él pecado ni mancha alguna.

La última cena de los discípulos con el Señor fue una experiencia que adquirió su importancia luego de la resurrección del Maestro. Hasta ese momento los discípulos no habían interiorizado todo lo que había ocurrido, ni habían tenido claro lo que había sucedido. Después de su resurrección, recibieron la instrucción de quedarse en Jerusalén hasta que fueran llenos del poder del Espíritu Santo. Fue ahí cuando todo realmente cambió para ellos. Ya no solo recordaban la experiencia de haber vivido y caminado junto a Cristo, sino que ahora también comprendían todo lo que aquello significaba, y sus vidas fueron transformadas.[1]

La *metanoia* ocurre en ti cuando puedes reclamar como tuya una experiencia con el Señor. El error de muchos creyentes es que pretenden reclamar las experiencias de otros como suyas, sin darse cuenta de que las experiencias individuales no tienen que ver con experiencias que se muestran a veces, al estilo de Hollywood. No puedes menospreciar tu experiencia personal porque no fue lo que tú llamarías "espectacular". Lamentablemente, las personas reclaman lo que Dios reparte como quiere, y tu experiencia con el Señor puede ser espectacular en tu interior, sin ser pública en apariencia. ¿Por qué digo en apariencia? Porque tu experiencia va a ser pública cuando se noten los cambios que tu *metanoia* y tu relación con Dios van a reflejar.

Lo que te hace creyente a ti es que hayas sido lavado con la sangre de Cristo. Dios trabaja contigo. Procura estar con tus sentidos abiertos. A todo el que ha creído y ha entregado su vida al Señor,

Dios se le ha mostrado y le ha hablado. Aprende a atesorar los pequeños momentos con Él, en vez de pensar solo en lo "espectacular". ¿Cómo puede Dios darte grandes experiencias si no has aprendido a apreciar los pequeños momentos? Lee el caso de Josué.

> (…) *Jehová habló a Josué hijo de Nun, servidor de Moisés, diciendo: Mi siervo Moisés ha muerto; ahora, pues, levántate y pasa este Jordán, tú y todo este pueblo, a la tierra que yo les doy a los hijos de Israel. Yo os he entregado, como lo había dicho a Moisés, todo lugar que pisare la planta de vuestro pie. (…) Nadie te podrá hacer frente en todos los días de tu vida; como estuve con Moisés, estaré contigo; no te dejaré, ni te desampararé. Esfuérzate y sé valiente; porque tú repartirás a este pueblo por heredad la tierra de la cual juré a sus padres que la daría a ellos. Solamente esfuérzate y sé muy valiente, para cuidar de hacer conforme a toda la ley que mi siervo Moisés te mandó; no te apartes de ella ni a diestra ni a siniestra, para que seas prosperado en todas las cosas que emprendas. Nunca se apartará de tu boca este libro de la ley, sino que de día y de noche meditarás en él, para que guardes y hagas conforme a todo lo que en él está escrito; porque entonces harás prosperar tu camino, y todo te saldrá bien. Mira que te mando que te esfuerces y seas valiente; no temas ni desmayes, porque Jehová tu Dios estará contigo en dondequiera que vayas. (* Josué 1:1-9)

Josué recibió de Dios una experiencia totalmente diferente a la de Moisés. Observa que primero le dio la sencilla experiencia de ir con otros a inspeccionar la Tierra Prometida, y traer las buenas noticias junto a Caleb. Él atesoró aquella encomienda que parecía pequeña, y luego recibió una encomienda única para él.

Josué, hijo de Nun, descendiente de Efraín, nació bajo la esclavitud egipcia aproximadamente en el 1500 A. C. Fue llamado Oseas al nacer, que significa "salvación". Nombrado como ayudante de Moisés, quien le cambió el nombre de Oseas por Josué, *yehoshua*, "Jehovah es salvación". Fue uno de los doce que exploró la tierra de Canaán, y junto a Caleb dio un informe diferente. Josué vio la tierra prometida bajo la perspectiva de grandeza que Dios había prometido a Abraham siglos antes. Por tal motivo, tuvo la esperanza que los otros diez no tuvieron. Como ayudante de Moisés fue testigo de la manifestación del poder de Dios en varias ocasiones. Su relación con Jehová no fue la misma después de esas experiencias. Él no solo sabía del Jehová que los había sacado con bien de la esclavitud, sino que también conocía al Jehová personal que habla cara a cara con aquellos que se acercan a Él sincera y humildemente.

Por haber seguido a Jehová con integridad escapó a la destrucción y recibió, junto con Caleb, la certeza única de entrar a la Tierra Prometida. Las experiencias que tuvo luego como dirigente del pueblo, como ver cara a cara al Ángel de Jehová, lo condujeron a tener una relación íntima y especial con Dios. Dios se le aparece y le dice: "...*dondequiera que vayas, yo estaré contigo*". Eso es algo maravilloso, único. Todas esas experiencias con Dios le capacitaron para realizar la tarea que le fue encomendada.[2]

Parte integral de tu cambio de mentalidad y de espíritu es aprender a pedirle al Señor tus experiencias, no las que le da a otro, sino las que Dios tiene para ti. Debes ser sensible a que Dios te hable, abrir tu espíritu, y Dios va a empezar a mostrarte lo que es para ti. Cuando ocurra ese momento, reconócelo. Eso dará seguridad a tu nueva vida.

Atrévete a aceptar el reto de lo que tienes que hacer, aunque no lo sepas todo. Otros dependen del talento; tú dependes de tu experiencia con Dios. La forma en que la proyectas es lo que te lleva a avanzar en tus cambios porque sabes que has tenido una experiencia con el Señor.

Pedro predicó de tal manera que se maravillaban. Las personas van a reconocer que estuviste con Jesús por tu valentía, tu denuedo, porque vas a hablar con fortaleza, con fuerza en el espíritu.

> *Y se maravillaban los judíos, diciendo: ¿Cómo sabe éste letras, sin haber estudiado?* (Juan 7:15)

> ### ATRÉVETE A ACEPTAR EL RETO DE LO QUE TIENES QUE HACER, AUNQUE NO LO SEPAS TODO.

Pedro fue uno de los primeros discípulos llamados por Jesús. Su carácter inquieto e impulsivo le produjo muchos contratiempos. Era el preguntón del grupo, y también quien se negó a que Jesús le lavara los pies, pero luego accedió. No creyó que negaría al Maestro. Por defender a Jesús el día que fue apresado, le cortó la oreja a uno de los guardias del templo. Fue reconocido entre la multitud como un seguidor de Jesús por su aspecto y su modo de hablar, pero negó tres veces que conocía a Jesús. Por haberle negado se entristeció, y cuando murió Jesús volvió a su ocupación habitual. Junto a Jacobo y Juan presenció la transfiguración de Jesús y su agonía en el huerto de Getsemaní, pero se quedó dormido. Cuando Jesús resucitó, tuvo una experiencia reconciliadora con él. Jesús le preparó desayuno, probó el amor de Pedro, y lo restauró formalmente en su comisión de apacentar a sus ovejas. Todo eso y más, pero el verdadero cambio o transformación lo pudo experimentar cuando recibió el poder del Espíritu Santo.

Entonces el Pedro que vemos a partir de ese momento es uno totalmente diferente. Fue el primero en predicar el evangelio bajo la autoridad y unción del Espíritu Santo, hecho por el cual tres mil personas aceptaron a Jesús como Salvador. Su transformación y experiencia con el Espíritu Santo fue tal, que con su sombra los enfermos se sanaban. Tiene una participación muy activa en los relatos del libro de los Hechos de los Apóstoles, y es uno de los líderes más prominentes de la primera iglesia. Esa experiencia con el Espíritu Santo lo capacitó para ser un extraordinario exponente del evangelio, y ganar muchas almas para Cristo. Pedro fue a quien el Espíritu Santo le reveló que Jesús era el Hijo de Dios. Y aunque no recibió una educación formal, escribió dos cartas que llevan su nombre. ¡Eso solo es posible bajo la unción del Espíritu Santo![3]

> NO NECESITAS TENER TODO LO QUE LAS PERSONAS PRETENDEN PARA SER TODO LO QUE DIOS QUIERE QUE TÚ SEAS.

Yo creo en estudiar y en prepararse, pero tiene que haber un punto donde tu talento y tus estudios se encuentren con Dios, porque es en ese momento donde se activa el poder de esa mente transformada. No necesitas tener todo lo que las personas pretenden para ser todo lo que Dios quiere que tú seas. Lo único que las personas necesitan saber es que tú has estado con el Señor; que has caminado con Él.

> *Y les dijo: Estas son las palabras que os hablé, estando aún con vosotros: que era necesario que se cumpliese todo lo que está escrito de mí en la ley de Moisés, en los profetas y en los salmos. Entonces les abrió el entendimiento, para que comprendiesen las Escrituras.* (Lucas 24:44-45)

En 40 días, Jesús solo habló con los discípulos. Provocó en ellos una *metanoia*, y abrió su entendimiento. Sin embargo, algunos no pudieron ver que Él era el cumplimiento, hasta que Pedro recibió la revelación del Espíritu Santo.

Si no entiendes una experiencia que no es de Dios, la puedes confundir con una de Dios. Pero si Dios te abre el entendimiento, puedes tener las mejores experiencias. Las Escrituras van a guiar las experiencias que Dios te va a dar, y cuando las Escrituras guían esas experiencias, vas a entender lo que Dios tiene para ti. Dios te va a dar una experiencia única. Te va a abrir el entendimiento, y vas a tener experiencias y a decir: "Ahora sé, ahora entiendo".

Dios te prepara el camino para tu transformación. Deja que Dios te abra las Escrituras y el entendimiento, para que Dios te dé una experiencia con Él de manera tal, que te puedas parar delante de cualquier persona con la valentía necesaria para recibir lo que tienes.

Cuando uno tiene esa experiencia con el Señor, la vida cambia para siempre. Hay un momento en que las experiencias y las informaciones tienen que ver con tu futuro. Puedes esperar con esperanza lo que Dios te ha prometido. Párate firme. Cuando el Espíritu te ha abierto el entendimiento, el Espíritu te va a decir lo que tienes que decir, y Dios te va a dar la victoria. Busca tu experiencia personal con el Señor; Dios te va a hablar de acuerdo a tu experiencia. Oro para que en tu vida se levante fortaleza, coraje y denuedo para hablar de Cristo.

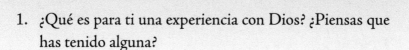

REFLEXIONA:

1. ¿Qué es para ti una experiencia con Dios? ¿Piensas que has tenido alguna?

2. Si has tenido alguna experiencia con Dios, escríbela en detalle.

3. Después de una experiencia real con Dios, jamás vuelves a ser el mismo. ¿Cómo cambió tu vida tu experiencia con Dios?

Tu primer llamado

*Y sabemos que a los que aman a Dios, todas las
cosas les ayudan a bien, esto es, a los que conforme
a su propósito son llamados.* (Romanos 8:28)

Un llamado divino es tu máxima experiencia con el Señor. Es la experiencia de saber que tienes un propósito. Como creyente, quieres saber en seguida para qué fuiste llamado. Primero, vive con la conciencia de que fuiste llamado. Te anticipo algo: cuando llegues al lugar para el que fuiste llamado, entonces te darás cuenta para qué fuiste llamado. Él te lo mostrará, y entonces sabrás cuál es tu llamado. Mira el ejemplo de Abraham.

*Por la fe Abraham, siendo llamado, obedeció para salir al lugar
que había de recibir como herencia; y salió sin saber a dónde iba.*
(Hebreos 11:8)

Abraham salió de la comodidad de su hogar y la conveniencia para sus negocios a buscar una tierra que no sabía dónde quedaba, ni qué peligros podía encontrar allá. Fue una enorme demostración de fe porque hasta el momento, los dioses que conocía Abraham eran los que él y su familia fabricaban. Pero el espíritu dentro de él le gritaba que había un ser superior a ellos, porque aquellos dioses eran de madera, podían romperse fácilmente y los construían ellos mismos. Él sabía muy bien que no escuchaban ni podían hablar, y mucho menos hacer algo por alguna persona. Pero aquella voz que escuchaba producía fe en él, la certeza de que si obedecía la voz, lo que le estaba prometiendo se haría realidad.

> TU PRIMER LLAMADO ES A LA SALVACIÓN, PORQUE DIOS TIENE ALGO MÁS GRANDE PARA TI.

Cuando Dios nos salva, no nos salva únicamente de algo, sino para algo. Dios no te saca de Egipto; te saca para la tierra prometida. Tu primer llamado es a la salvación, porque Dios tiene algo más grande para ti, y cuando Él llama, lo hace para hacer algo mejor de nosotros mismos. La salvación que nos da no es solo para librarnos de algo, sino para hacer algo que es más grande de lo que nuestra mente puede imaginar. Dios piensa en grande, y nada tiene que ver con tu actual situación. Él está soñando con cosas que no te imaginas.

Es como le sucedió a Abraham. Él no tenía hijos, y Dios le estaba prometiendo una descendencia numerosa. Abraham influenciaba solo en su familia, y Dios le decía que sería de bendición para todas las familias de la tierra. En su hogar, Abraham era solo un miembro más de la familia que fabricaba dioses. Tenía amigos y conocidos que se relacionaban con él solo por negocios o por conveniencia, pero Dios lo sacó de ahí para hacerle el padre de una nación. Lo convirtió en su amigo, y hasta el día de hoy es conocido como: "el amigo de Dios". Dios siempre quiere lo mejor para nosotros.[1]

Mientras tanto, tu primer llamado es el llamado a la salvación, y desde ese momento, tienes que escoger cómo vivir en ese llamado. ¿Por qué? Porque si Dios te hubiera salvado para llevarte al cielo de inmediato, te habrías muerto el mismo día que aceptaste a Cristo como tu Salvador. Dios creó para nosotros una tierra maravillosa y es aquí donde le servimos para su obra, y donde somos útiles para el Reino de Dios, nuestra familia y nuestro prójimo. Mira si Dios piensa que esta tierra es maravillosa, que nos envió a su Hijo para rescatarnos.

Te voy a dar un ejemplo. El que ha estado cerca de la muerte, lo primero que piensa es en lo que le queda por hacer y lo que le queda por vivir. Cuando vuelve a la vida, trata de recuperar, arreglar asuntos y relaciones, y hacer lo que todavía no ha hecho en su vida. Aunque el hombre sabe todas las cosas bonitas que hay en el cielo, nadie se quiere ir sin haber vivido, sin haber hecho lo que piensa que debe hacer, y sin haber arreglado las cosas.

¿Por qué esperar a una experiencia de muerte cuando podemos ser llamados a Cristo, y la experiencia con el Señor puede ser una transformación de vida que testifique a los demás? Todavía te queda tiempo para hacer todo lo que tienes que hacer, vivir lo que tienes que vivir, y arreglar todo lo que tienes que arreglar. Si tienes la experiencia de ese llamado, aprende primero a vivir en ese llamado específico de transformar tu mente y tu vida bajo la dirección del Espíritu Santo.

Las personas viven en tres niveles:

1. Sobrevivir.

2. Buscar el éxito.

3. Tener una vida de significado.

> SI VIVES BAJO EL NIVEL AL QUE DIOS TE MANDÓ VIVIR, ESTÁS VIVIENDO FUERA DE SU PROPÓSITO.

Hay personas que buscan el éxito porque otros lo ven como valioso, y no buscan el significado de lo que Dios quiere hacer con ellos: una vida que te dé sentido y satisfacción. Hay personas que creen que eso es acomodarse a la mediocridad, conformarse, no aspirar ni lograr. Sin embargo, si vives bajo el nivel al que Dios te mandó vivir, estás viviendo fuera de su propósito y de su llamado.

Cuando tratas de vivir fuera del lugar donde Dios te mandó vivir, estás sobreviviendo. Tú no fuiste llamado a vivir en mediocridad, en pobreza, fuera del llamado de Dios. Responder a ese primer llamado se trata de vivir todo lo que Dios tiene para ti; de saber en tu interior que hay algo más grande para lo que has sido llamado, y algo más grande que Dios quiere que alcances.

Eso fue lo que le ocurrió a Abraham. Cuando salió de su casa, como no sabía hacia dónde iba en realidad, creyó que podía incluir a toda su familia. Por eso se llevó a Lot, su sobrino. No entendió que el llamado era para él. Comenzó a vivir fuera del llamado de Dios. Como consecuencia, surgieron problemas por medio de los cuales la fe de Abraham se fortaleció y creció. Cuando Abraham entendió las intenciones de Dios y entró en una relación diferente con Él, entonces las cosas comenzaron a fluir como Dios había dispuesto.[2]

El evangelio se predica a millo-
nes de personas, pero aquellos
que han sido llamados y han
respondido a ese llamado han
comenzado a entrar en la vida
que Dios tiene para ellos. ¿Y
cómo sabes que has sido llamado? El día que le entregaste tu

> **TU RESPUESTA ES LO QUE TE CONVIERTE EN ALGUIEN LLAMADO A UNA VIDA MÁS GRANDE.**

vida al Señor, fuiste llamado. Lo que te hace a ti alguien llamado no
es el llamado de Dios, sino que tú hayas respondido al llamado que
Dios te hizo. Tu respuesta es lo que te convierte en alguien llamado
a una vida más grande.

En el servicio se hace un llamado a miles, pero tú oíste tu nombre.
Algo dentro de ti te dijo: "Me están llamando". Antes de que fueras
concebido, y de que nacieras, Dios te había conocido. Él te puso
nombre y asignó este tiempo para tu vida, y todo lo que hiciste
hasta hoy fue responder a esa voz que reconociste, aún cuando no
tenías conciencia, ni estabas en el vientre de tu madre, ni habías
sido pensado. Por eso la Biblia dice que Él ha puesto un pedazo
de eternidad dentro de todos nosotros. Cuando aceptaste a Cristo
como tu Salvador, desde ese día podías decir: "Yo soy un llamado".

Tú no sabías lo que iba a pasar después. Tú solo sabes que te llama-
ron, respondiste, y eso bastó para que en un instante tu vida cambiara para siempre. Y te aseguro que jamás volverá a ser la misma.
Tú no estabas aspirando a nada. Lo que vino ocurrió solo.

El problema es que si te quedaste preguntando, lo que empezó
como un llamado se convirtió en un llamado para obtener algo. Ahí
perdemos el significado porque piensas que si no alcanzas lo que tú

crees que fue para lo que Dios te llamó, entonces dices que no eres un llamado, o que Dios te ha fallado. El primer llamado que tú aceptaste fue el llamado a acercarte a Él y a creer.

> **EL PRIMER LLAMADO QUE TÚ ACEPTASTE FUE EL LLAMADO A ACERCARTE A ÉL Y A CREER.**

Después de este primer llamado, hay llamados específicos en las vidas de cada uno. La connotación generalizada al hablar de "llamado" es que se refiere solamente al llamado de servicio a Dios, y se limita al llamado para pastor. Cuando hablamos de llamado nos referimos a un ministerio o una posición, mientras los llamados de Dios van en diferentes direcciones, y un día vas a tener que definir para qué Dios te llamó. El único llamado al servicio a Dios no es el de pastor.

> *Y él mismo constituyó a unos, apóstoles; a otros, profetas; a otros, evangelistas; a otros, pastores y maestros, a fin de perfeccionar a los santos para la obra del ministerio, para la edificación del cuerpo de Cristo.* (Efesios 4: 9-12)

Además de esos llamados directamente relacionados con la difusión del evangelio, hay, como mencioné, llamados específicos en cada uno. La iglesia ha querido hacer líderes para ellos sin hacerlos para la sociedad, y el mayor impacto de la iglesia no es sacar de su profesión al contable para que sea pastor cuando Dios lo llamó a ser contable. De hecho, si tuviéramos contables cristianos que administraran las finanzas del gobierno y de las empresas, tendríamos personas iluminadas y llamadas en lugares de influencia para la gloria de Dios. Igual tendríamos los mejores abogados, los mejores médicos y los mejores profesionales.

Tu llamado es que donde Dios te ha posicionado seas la autoridad para influenciar este mundo, y todo lo hagas para la gloria de Dios. ¿Fuiste llamado? Sí. Pero si Dios te llamó como empresario, ubícate como empresario, y desarrolla tus talentos para la gloria de Dios.

> TU LLAMADO ES QUE DONDE DIOS TE HA POSICIONADO SEAS LA AUTORIDAD PARA INFLUENCIAR ESTE MUNDO, Y TODO LO HAGAS PARA LA GLORIA DE DIOS.

Alguien llamado no necesariamente sabe para dónde va, pero sabe que tiene que salir; que hay un nuevo lugar para él. Cuando eres llamado, la única seguridad que tienes es que no puedes estar aquí; que tienes que hacer arreglos para moverte a un nuevo lugar en tu vida. Sientes que tienes que moverte hacia adelante. Si supieras a dónde vas, a lo mejor no irías. Por eso el Señor está llamando personas que respondan al llamado. Está llamando para que puedas salir de ese escondite, y te puedas mover al nuevo lugar que Él tiene para tu vida.

¿No lo sabes todo? Lo único que debes saber es que fuiste llamado para algo más grande, y que vas en camino hacia esa nueva vida que Dios tiene para ti. El problema es que siempre hacemos arreglos para quedarnos permanentemente donde estamos, físicamente, espiritualmente y mentalmente. Si estamos en un lugar, debemos arreglarlo y hacer del lugar lo mejor mientras estamos ahí. Eso es decirle a Dios que en lo poco eres fiel, y que te puede poner en lo mucho.

Ser llamado es saber que Dios tiene algo más grande para mi vida, y que voy a trabajar en el lugar donde estoy, pero me voy a mover a una nueva dimensión. Voy a hacer lo que tengo que hacer y lo voy a hacer con excelencia, pero sé que este no es el lugar donde me voy a quedar. Arregla y pinta tu casa, pero di: "Este no es el último lugar donde voy a vivir". En tu vida, siempre tiene que haber la inquietud de que tienes que moverte en cualquier sentido. Solo los llamados pueden experimentar la plenitud de lo que Dios tiene para su vida.

Aquellos que son llamados pasan por grandes transformaciones de mente y de vida, y cuando hablo de moverse de lugar, no me refiero solamente a lugares físicos. ¿De qué cosas tienes que salir tú? ¿De qué lugares tienes que hacer preparativos para salir? ¿De qué pensamientos tienes que salir para decir: "Yo soy llamado para algo más grande. Hay algo más poderoso para mí"? Tienes que aprender a aceptar el llamado específico de Dios. No hay nada tan poderoso como responder a ese llamado.

El llamado de Dios es esa voz dentro de ti que toca todas las áreas de tu vida. El problema es que a veces seguimos esa voz, nos parece que no tiene sentido, y dudamos del llamado. ¿Te ha pasado que vas a salir y sientes esa voz decirte que no salgas? Entonces decides quedarte en tu casa, y nada pasa. Tu próximo pensamiento es que pudiste haber salido, y no iba a pasar nada. Ahora esta es la pregunta: ¿prefieres obedecer sin saber qué hubiera pasado si no hubieras obedecido, o no obedecer para saber de qué Dios te iba a librar? Esa es la vida de fe a la que fuiste llamado.

La vida de fe no es desobedecer para saber qué consecuencias Dios te está evitando. Es obedecer, aunque aparentemente nada parezca estar pasando. Esos son los llamados. El llamado depende de tu respuesta, y tu respuesta es la obediencia a esa voz que tiene tu corazón; esa voz que dirige tu corazón, tu interior, que se llama el Espíritu Santo. Tienes que entender que obedecer y desobedecer esa voz tiene implicaciones eternas en tu vida.

SI OYES LA VOZ DE DIOS, NO HAY SITUACIÓN NI ATADURA QUE TE DETENGA.

Cuando aceptas la voz del llamado de la salvación, eso tiene implicaciones eternas en tu vida. Si tú respondes, aseguras tu vida eterna. Y cuando Dios te dice que no hagas algo, las consecuencias no son de un día; pueden ser de toda la vida.

Pero eso no es todo. Con tu respuesta al llamado, tú haces una marca en tus hijos y en los hijos de tus hijos. Las implicaciones de tu respuesta van más allá de lo que puedes percibir.

Dios te llama para que seas su discípulo desde el lugar donde estás y la posición que tienes; para que todo lo que hagas sea para su gloria, y aceptes vivir la vida como Él quiere que la vivas. Hay un llamado que Dios hace a tu vida para sacarte de problemas, de dificultades, de situaciones. Si oyes la voz de Dios, no hay situación ni atadura que te detenga. Dios siempre te llama para hacer algo más grande en tu vida.

REFLEXIONA:

1. ¿Qué significa para ti la palabra "llamado"?

2. ¿Cómo interpretas el alcance del llamado a la salvación, según lo que has leído hasta ahora?

¿Cómo sabes que eres llamado?

Y sabemos que a los que aman a Dios, todas las cosas les ayudan a bien, esto es, a los que conforme a su propósito son llamados. Porque a los que antes conoció, también los predestinó para que fuesen hechos conformes a la imagen de su Hijo, para que él sea el primogénito entre muchos hermanos. (Romanos 8:28-29)

Dentro de la iglesia se ha titulado "llamado" a cuando entras a una posición ministerial o dentro de la iglesia. Sin embargo, hay cuatro llamados:

1. A la existencia, desde la eternidad.

2. A la salvación.

3. Al servicio a Dios.

4. A irnos con el Señor.

El llamado a la existencia, desde la eternidad. Para entender estos términos de una manera simple, quiero que pienses en lo siguiente. El ser humano es un espíritu con un alma que vive en un cuerpo. Cuando Dios hizo al hombre, formó con sus manos una figura de tierra, y tuvo vida propia cuando sopló en ella aliento de vida. La Biblia dice: *"Fue el hombre un ser viviente".*[1] Pero el espíritu, que fue lo que Dios sopló en él, es algo que no muere, es eterno como su origen: Dios. El hombre fue creado para vivir eternamente como su Creador. Su desobediencia tuvo como consecuencia la muerte natural; su vida entonces tuvo un término. Cuando desobedeció, murió. Fue sentenciado a volver al polvo de donde fue formado. Pero lo que murió fue su espíritu. Cuando digo morir, me refiero a separación, porque muerte significa separación.

El hombre tenía una relación muy especial con Dios que se rompió cuando este desobedeció. Al ser sacado del huerto hubo una separación física que completó la separación espiritual. Por eso cuando el hombre recibe el llamado de Dios, es un llamado que se hace desde la eternidad de Dios a la humanidad del hombre, para que exista nuevamente aquella relación de comunicación íntima y especial con Dios.

El llamado a la salvación. Muchas veces las personas piensan que no necesitan ser salvadas. Piensan que lo tienen todo, y que no necesitan de nadie. Pero dentro de ellas, cuando no hay nadie que les juzgue, se sienten vacías o como si les faltara algo que no saben explicar qué es. Miran a su alrededor, y tienen todo lo que humanamente pueden tener y más; sin embargo, hay algo que les falta. Es que cuando el hombre desobedeció, se perdió; se separó espiritualmente de Dios. Comenzó a llenar el espacio de Dios en su vida con otros pensamientos y actos que lo alejaron de Dios más y más. La consecuencia de esta desobediencia era estar apartado eternamente de Dios.

Cuando se hace el llamado a la salvación es un llamado a ser liberados de esa consecuencia eterna, y comienza en el instante en que entregas tu vida al Señor. Pero la salvación vas más allá de ese momento, porque Dios no te salva solo para darte vida eterna en el más allá, sino para que vivas como salvo aquí y ahora, para que comiences a vivir aquí de una manera que otros puedan ver y anhelar tener esa misma relación con Dios. Esa relación produce cambios en tu manera de ver la vida, y te da una perspectiva de vida diferente. Dios te salva para que seas de bendición a otros.

Ese propósito nos lleva al otro llamado: **el servicio a Dios.** Cuando una persona restablece su relación con Dios, comienza a vivir, a pensar de una forma diferente, y nace de su interior la necesidad de servir a otros. La persona siente que tiene que compartir con otros su experiencia de salvación. Anhela que otros también experimenten la libertad que produce restablecer esa relación con Dios. Ese cambio en su manera de pensar hace que vea la vida desde una perspectiva distinta. Es posible que las circunstancias no cambien, pero la manera de interpretar nuestro alrededor es diferente.

Es como cuando vamos al cine y vemos una película que nos gustó mucho. Cuando salimos de allí queremos que todos vayan a ver la película para que pasen un rato agradable, y tengan también la experiencia que tuvimos. Por eso cuando recibimos al Señor en nuestra vida, nuestro anhelo es poder exponer a otros a esa misma experiencia. Ya no queremos volver a vivir como antes, y queremos mantenernos ocupados haciendo todo aquello que agrade a Dios y nos acerque más a Él.

El otro llamado es a **irnos con el Señor.** Jesús se fue a los cielos a preparar morada para nosotros.[2] Prometió regresar por nosotros para estar juntos por la eternidad. Ese momento llegará cuando Dios disponga que nuestro tiempo aquí en la tierra ha terminado, o cuando regrese por nosotros. Mientras eso sucede, nuestro propósito o responsabilidad es compartir y servir a otros para que tengan la misma experiencia que nosotros. A través de nuestra experiencia, otros se convencerán de que pueden lograr cambiar sus vidas. Irnos con el Señor será nuestra recompensa por vivir desde aquí y ahora la eternidad que gozaremos con Él allá. No será fácil mantenernos firmes en lo que hemos creído, pero tenemos la garantía de que Él está con nosotros todos los días hasta el fin,[3] y que el Espíritu Santo nos ayuda diariamente a mantenernos firmes en Él.[4]

La meta del Señor cuando te convertiste no era llevarte al cielo. Su meta es que tú manifiestes su vida aquí en la tierra, y seas su imagen aquí. Te recuerdo que Dios envió a su Hijo no para rescatarte meramente en tu espíritu, sino para rescatar todo tu ser. Así que la vida tiene un grande valor; tiene el valor de la sangre de Cristo, pero nunca la vas a vivir al máximo hasta que entiendas que eres llamado.

"¿Cómo sé que soy llamado?" es una pregunta que me hacen a menudo. Sabes que eres llamado por tu respuesta.

¿Qué ocurre cuando tienes conciencia de ser llamado?

+ Empiezas a ver todo diferente. El Espíritu Santo, la persona de Dios que está dentro de ti, dirige tu vida y tu ser. Comienza a tomar autoridad dentro de ti poco a poco, y a transformar tu vida y tus emociones. La religión nos ha enseñado al Espíritu

Santo de ciertas maneras, a veces no las más precisas. El Espíritu Santo no es una unción; tiene poder y se manifiesta en unción, pero no es una unción ni una paloma.

No quiero dejar pasar aquí el tema de la frustración en los matrimonios por los cambios que causa responder a un llamado. La frustración en la pareja viene de que tanto el hombre como la mujer quieren que el cónyuge sea como ellos quieren que sea. No se dan cuenta de que la mayor satisfacción en el matrimonio no es que el hombre sea como la mujer quiere que él sea (y viceversa), sino como Dios quiere que él sea.

Mujer u hombre, cuando tu cónyuge llegue a ser el hombre o la mujer que Dios quiere que él o ella sea, tú podrás vivir una vida de satisfacción y de provecho con tu pareja, mientras permitas que sea como Dios quiere que sea. Mientras yo trato de limitar a mi pareja a lo que yo quiero que sea, siempre habrá frustraciones porque tú no puedes obligar a una persona que está en proceso de transformación con Dios a que sea conforme a tu mente natural. Tú tienes que darle rienda suelta al Espíritu Santo para que haga todo lo que Él tiene que hacer con tu pareja.

+ Comienzan a desaparecer de tu vida las frustraciones, o los sentimientos de no haber logrado algo; de lo que deberías tener y no tienes. Ya no te comparas con los demás. Entiendes que las cosas que ves en los demás no son necesariamente las que Dios quiere darte porque Él tiene otras para tu vida.

+ Empiezas a ver las experiencias como piezas en el ajedrez de Dios. Siempre hay una perspectiva más grande, más poderosa; no hay nada que te detenga. Te pueden poner de frente el problema más grande, y la actitud que tienes es diferente. Tus palabras y pensamientos son: "Algo Dios va a hacer de esto, algo Dios va a sacar porque yo sé que este no es mi final. Yo sé que este no es el lugar donde me voy a quedar".

Cuando una persona no tiene esta conciencia de llamado, todo lo que pasa en su vida es un problema, una dificultad. Todo la desanima. Si tiene conciencia de llamado, las frustraciones las convierte en expectativas, en alegrías, en fe, en parte de lo que ocurre en su vida. Sabe que algo grande Dios tiene al otro lado.

> **LOS PROBLEMAS QUE EL MUNDO TRAE, DIOS LOS VA A CONVERTIR EN BENDICIÓN.**

+ Sabes que no hay regreso de tu camino hacia la nueva vida. La conciencia de un llamado es que hay que ir hacia adelante. Si hay problemas, la persona conoce que Dios es capaz de transformarlo todo porque aquellos que le aman han sido llamados según su propósito, y todo va a obrar para bien. Los problemas que el mundo trae, Dios los va a convertir en bendición.

+ Te enfocas en las cosas correctas. Tu visión cambia y se acorta. En vez de estar pendiente de tantas cosas, tu visión se enfoca en un par de cosas muy importantes, y nada te distrae. Nada capta tu atención más allá de ver lo que Dios va a hacer en tu vida. Miras hacia tu futuro, y ves la vida solamente en esa dirección. Entiendes que no puedes perder el tiempo en ir a ciertos lugares, y de igual modo, no tienes tiempo que perder porque tienes que moverte de lugar. Empiezan a llegar a tu vida oportunidades, y de repente salen de tu vida personas que no son compatibles con tu nueva vida. Admito que la vida de las personas enfocadas puede ser aburrida, pero son los enfocados quienes obtienen resultados.

✦   Cuando prestas atención a lo que Dios tiene para ti, haces como dice la Biblia: pones tu mirada en el autor y consumador de nuestra fe.

✦   Cuando sabes que tienes un llamado de algo grande de Dios para ti, aunque ciertas personas salen de tu vida por causa del llamado, Dios comienza a traer conexiones divinas. Los parásitos se van. Nunca tengas temor de las personas que salen de tu vida cuando empiezas a vivir el propósito de Dios. Abre el corazón para las personas que Dios te va a traer para ayudarte a completar lo que Dios tiene para ti. Hay personas que no caben en el futuro de tu vida, y Dios las saca. A veces las queremos retener. Hubiéramos querido que pasaran al nivel donde estamos, pero ellos no hicieron el cambio que tenían que hacer para alcanzar el nuevo nivel. Tienes que escoger si te quedas atrás, o te mueves hacia el frente. Si implica dejar personas atrás, cree que Dios va a traer conexiones nuevas y personas que van a aportar.

> HAY PERSONAS QUE NO CABEN EN EL FUTURO DE TU VIDA, Y DIOS LAS SACA.

Dios va a traer personas que te van a inspirar, te van a financiar, te van a abrir puertas. Son personas que te van a decir: "Yo no sé por qué hago esto, pero algo me dice que tengo que ayudarte, tengo que bendecirte. Dios va a hacer algo grande en tu vida, y yo quiero ser parte de eso".

Declaro que Dios envía conexiones divinas para lo que Dios tiene para ti. Los momentos divinos requieren una nueva temporada para tu vida. Dios va a acomodar personas nuevas. Hay personas que van a hacer todo lo que tengan que hacer para que se cumpla el llamado que hay en tu vida; personas que dondequiera que te ven, te bendicen. Dios te va a traer las personas que te van a impulsar en lo que Él está haciendo para ti.

Aprecia tu lugar

Hay una experiencia cuando empezamos a entrar en la vocación que Dios ha puesto en nuestra vida; cuando empezamos a entender y a saber para qué fuimos seleccionados. Hay un llamado general para seguir a Dios, pero la verdad es que todos nosotros hemos sido llamados para un tiempo, en un momento y para unas tareas específicas. Muchas personas desean las cosas espectaculares porque no deseamos estar donde Dios nos quiere, sino delante de las personas para ser reconocidos.

Aprovecha el lugar donde Dios te ha puesto y entiende el llamado de Dios para tu vida, cuál es tu vocación, cuál es tu talento, lo que Dios quiere que tú hagas. Comprende tu contribución dentro del Reino de Dios, que, aunque el mundo no te vea, no conozca o reconozca lo que haces ni tengas fama, puedas estar seguro de que estás en el lugar donde Dios quiere que estés.

La Biblia dice que los miembros del cuerpo que menos se ven son los que mejor cuidamos. La grandeza de lo que Dios hace en el Cuerpo de Cristo no está en aquellos que están expuestos. Para Dios, los que están públicamente expuestos son valiosos, pero son más valiosos los que han reconocido su lugar en el Cuerpo.

Las personas a veces aceptan tantas ofertas sin darse cuenta de lo que Dios tiene para ellos. Dios te va a ubicar en algún momento. Sé humilde; deja que Dios te lleve a lo que tienes que hacer.

Entonces respondió Amós, y dijo a Amasías: No soy profeta, ni soy hijo de profeta, sino que soy boyero, y recojo higos silvestres. Y Jehová me tomó de detrás del ganado, y me dijo: Ve y profetiza a mi pueblo Israel. (Amós 7:14-15)

Amós, nombre hebreo, 'amós, que significa *el que carga peso*, era un pastor de ovejas y cabras, y cuidaba árboles sicómoros, de la familia de las higueras. Amós protestó contra la corrupción social causada por la influencia desmoralizadora del Baal cananeo, contra la vida lujuriosa y descuidada. Condenó las sofisticadas ofrendas que se hacían en los santuarios de Beerseba en Gilgal, y afirmó categóricamente que nunca podrían sustituir de forma aceptable a la justicia. Afirmó que Dios tenía jurisdicción moral sobre las naciones, y advirtió a los israelitas que su idolatría los conduciría a ser víctimas del invasor del Oriente si no se arrepentían, renovaban su relación espiritual con Dios, y enmendaban las injusticias sociales que habían cometido.

Sus protestas causaron gran impacto, tanto que el sumo sacerdote idólatra de Betel, Amasías, lo acusó de sedición. Eso lo hizo un hombre sencillo y humilde, que no tenía dentro de la sociedad una posición de prestigio o una ocupación reconocida. A ese hombre Dios lo capacitó para ser un instrumento de alerta en un momento específico, con una tarea

> TÚ VAS A SER LA SORPRESA MÁS GRANDE QUE HAN VISTO TUS ENEMIGOS.

específica para despertar la conciencia de un pueblo. Estaba en el lugar indicado en el momento correcto, y aceptó el reto.[5]

> ES DIOS QUIEN TE PONE AL FRENTE, TE UBICA, TE LLAMA, TE POSICIONA.

1. Tienes que estar ubicado en el lugar que Dios tiene para ti. No importa que estés atrás en lo oculto. Si estás en el lugar que Dios tiene para tu vida, Él te va a sacar de detrás de las reses, y te va a poner adelante. Es Dios quien te pone al frente, te ubica, te llama, te posiciona. Por eso no puedes desesperarte. Tienes que hacer lo que Dios te mandó a hacer.

2. Dale tiempo al Señor si tienes un llamado ministerial. Cuando Dios te saca de atrás, nadie te pone otra vez atrás; ni tú mismo te puedes volver atrás. En el lugar donde vas a estar, no siempre vas a estar. Es Dios quien te va a sacar del anonimato.

3. Dios te puso atrás para que nadie te atacara porque cuando estás atrás, el mundo te menosprecia. Y cuando el mundo te menosprecia, te deja tranquilo. Dios te está preparando, y tú vas a ser la sorpresa más grande que han visto tus enemigos.

Con el llamado, hay algo que te agarra el corazón y no te suelta; te apasiona. Cuando te toma Dios, toma tu corazón y tu pasión, y te llama incesantemente. ¡Responde! Ese es tu llamado.

REFLEXIONA:

1. ¿Cuáles son los cuatro llamados del Señor?

2. ¿Qué experiencias tuviste cuando te supiste llamado?

3. ¿Piensas que fuiste llamado para servicio a Dios? ¿En qué ministerio de los cinco que enumera la Biblia?

Vivir en el Espíritu

Una de mis mayores inquietudes es tu comprensión clara de lo que realmente es vivir en el Espíritu. Cuando nos congregamos, con frecuencia observamos manifestaciones externas del Espíritu Santo que nos conmueven, nos emocionan y hasta nos estremecen literalmente. Algunas personas lloran cuando sienten su presencia, otras hablan en lenguas, otras danzan o brincan. Pueden ocurrir milagros instantáneos. Todas esas son manifestaciones reales y genuinas, pero momentáneas. No necesariamente significan que las personas viven en el Espíritu, ni que sus vidas y sus conductas son dirigidas por Él. Aún menos podemos concluir que han pasado por la *metanoia* o una transformación profunda de su mente y de su vida.

> LA MANIFESTACIÓN DEL ESPÍRITU SANTO ESTÁ EN LA VERDADERA TRANSFORMACIÓN DEL CARÁCTER, QUE NOS LLEVA A UNA VIDA QUE HABLA DE LA PRESENCIA DE DIOS EN NOSOTROS.

La manifestación del Espíritu Santo está en la verdadera transformación del carácter, que nos lleva a una vida que habla de la presencia de Dios en nosotros. Cuando ocurre esa transformación provocada por el Espíritu es cuando nuestra vida refleja un carácter dirigido por Él.

Tenemos muchos problemas sobre este tema en la iglesia, porque hemos visto el poder de Dios sin el carácter de lo que es estar en el Espíritu. Hemos promovido el carisma, y no el carácter. Y nadie debe pararse en un altar a predicar ni a profetizar si no vive en obediencia, si no vive sometido al Espíritu, si no vive amando a su esposa, si no vive haciendo lo que tiene que hacer. Cuando no tienes el carácter de vivir en el Espíritu, dañas el don de profetizar, y ni la profecía, ni las lenguas, ni nada sustituyen lo que es el fruto del Espíritu. El fruto del Espíritu es producto de tu relación con Dios, de caminar con Dios por mucho tiempo, y de que tu vida ha sido cambiada y renovada.

¿Todavía no sabes cuál es el don que tienes? Se debe a que no tienes una relación íntima con Dios. Es importante aprender a distinguir lo que es la verdadera dirección y manifestación del Espíritu Santo. Una persona que sufre una *metanoia* es una persona que realmente ha sido y es dirigida por el Espíritu Santo, porque una verdadera transformación comienza a nivel espiritual. Es imposible transformar la mente y la vida sin el poder del Espíritu Santo morando dentro de ti. El problema es que se nos ha limitado la enseñanza de lo que es ser dirigido por el Espíritu Santo, y las personas piensan que estar en el Espíritu es estar en las nubes.

Muchos creen y predican que si no hablas en lenguas, danzas, brincas o corres no tienes el Espíritu Santo en tu vida. Otros piensan que si al orar por otro esa persona no cae al piso, no tienes el Espíritu Santo. Algunos piensan que si no estás alabando mientras el predicador está hablando, no hay manifestación del Espíritu Santo. Algunas personas predican que vivir en el Espíritu es ayunar todas las semanas, asistir a la iglesia todos los días, orar por lo menos una hora diariamente y conocer la Biblia perfectamente de Génesis hasta Apocalipsis. Se ha enseñado que una persona que vive en el Espíritu no puede compartir con los incrédulos o los no cristianos, aunque sean su propia familia. Si no alternamos con los impíos, como lo hacía Cristo, no cumplimos con el mandato de la Gran Comisión de Cristo de predicar el evangelio a toda criatura.

¿Cómo se sabe que alguien vivió una transformación?

Jesús estaba entre los discípulos, y tuvieron que pedirle a Judas que lo besara para identificarlo. Jesús vivía en el Espíritu, y Él no presentaba todas las características que algunas personas piensan que es vivir en el Espíritu, pero sí presentaba las características que la Biblia dice que es vivir en el Espíritu. Cuando una persona es llamada por Dios y tiene esa conciencia, permite la manifestación del Espíritu Santo en su vida, y en su diario caminar.

Cada persona que tuvo contacto con Jesús y que aceptó la encomienda de caminar con Él en el Espíritu cambió su manera de vivir a tal modo, que hasta su manera de hablar era diferente. Lo vemos en el caso de Pedro cuando negó al Señor tres veces. Una de las cosas por las que lo identificaron con Jesús fue por su forma de hablar.[1]

La persona que ha vivido una *metanoia* está viviendo y caminando en el Espíritu Santo. Pensamos que es solo una experiencia personal con Dios, pero eso no es todo. Hay otras cosas que demuestran esa manifestación del Espíritu. Cuando Zaqueo tuvo el encuentro con Jesús, sintió la necesidad de devolver lo que había tomado para sí de una forma indebida.[2] La mujer samaritana inmediatamente fue a compartir con otros lo que había recibido de Jesús.[3] Pablo, hablando a los Efesios, les recomienda:

> No os embriaguéis con vino, en lo cual hay disolución; antes bien sed llenos del Espíritu, hablando entre vosotros con salmos, con himnos y cánticos espirituales, cantando y alabando al Señor en vuestros corazones; dando siempre gracias por todo al Dios y Padre, en el nombre de nuestro Señor Jesucristo. (Efesios 5:18-20)

Igual que Pablo en estos versículos, yo no puedo comparar embriagarse con vino con embriagarse con el Espíritu Santo, como escucho decir a algunas personas. Fíjate cómo Pablo lo distingue: "*No os embriaguéis con vino... antes bien* **sed llenos** *del Espíritu*". Una persona que se embriaga con vino pierde el control de sus pensamientos; no piensa claro. Cuando te llenas del Espíritu, tu espíritu, tu mente y tus sentidos están más claros que nunca, todo el tiempo. Vivir en el Espíritu es una condición continua y permanente; no es una manifestación momentánea.

No vivas como vive el mundo. No estés bajo el control de sustancias que te quitan el control de tu vida; deja que el Espíritu Santo te llene. Las personas que no tienen una relación íntima y especial con Dios, afirman que para que una fiesta sea buena tiene que haber alcohol; si no, no hay fiesta. Cuando hacen los preparativos para la fiesta, lo primero en la lista es el alcohol. Se olvidan de que una persona que se embriaga no tiene conciencia de lo que hace.

Cuando el efecto del alcohol pasa, ni se acuerda de lo que dijo o hizo. Esto les ha ocasionado muchos problemas difíciles a muchas personas. Algunas mujeres han sido violadas, maltratadas, y hasta han muerto por los efectos nocivos del alcohol. Ha habido hombres que han sido acusados de cometer crímenes de los cuales no tienen memoria, y todo porque estaban intoxicados con el alcohol u otra sustancia.

> VIVIR EN EL ESPÍRITU ES UNA CONDICIÓN CONTINUA Y PERMANENTE; NO ES UNA MANIFESTACIÓN MOMENTÁNEA.

Una persona que vive en el Espíritu no le entrega el control de sus acciones al alcohol ni a ninguna otra sustancia. No lo necesita porque el Espíritu de Dios en él le satisface plena y conscientemente.

La verdadera vida en el Espíritu

Cuando tienes al Espíritu Santo viviendo dentro de ti, vives de acuerdo a las instrucciones que ofrece Pablo en el capítulo 5 y en el capítulo 6:1-4 (NTV) del libro de Efesios, que parafraseo aquí:[4]

+ Imiten a Dios en todo lo que hagan.

+ Vivan una vida llena de amor, siguiendo el ejemplo de Cristo.

+ Que no haya ninguna inmoralidad sexual, impureza ni avaricia entre ustedes.

+ Los cuentos obscenos, las conversaciones necias y los chistes groseros no son para ustedes.

+ Que haya una actitud de agradecimiento a Dios.

+ Produzcan solo cosas buenas, rectas y verdaderas.

+ No participen en las obras inútiles de la maldad y la oscuridad; al contrario, sáquenlas a la luz.

+ No vivan como necios, sino como sabios.

+ Saquen el mayor provecho de cada oportunidad en los días malos.

+ No actúen sin pensar, más bien procuren entender lo que el Señor quiere que hagan.

+ No se emborrachen con vino, porque eso les arruinará la vida. En cambio, sean llenos del Espíritu Santo.

+ En el matrimonio, sométanse unos a otros por reverencia a Cristo.

+ Para las esposas, eso significa: sométase cada una a su marido como al Señor.

+ Para los maridos, eso significa: ame cada uno a su esposa tal como Cristo amó a la iglesia.

+ El marido debe amar a su esposa como ama a su propio cuerpo, pues un hombre que ama a su esposa en realidad demuestra que se ama a sí mismo.

+ La esposa debe respetar a su marido.

+ Hijos, obedezcan a sus padres porque ustedes pertenecen al Señor. "Honra a tu padre y a tu madre" es el primer mandamiento que contiene una promesa: "si honras a tu padre y a tu madre, «te irá bien y tendrás una larga vida en la tierra»."

+ Padres, no hagan enojar a sus hijos con la forma en que los tratan. Más bien, críenlos con la disciplina e instrucción que proviene del Señor.

¿Cómo se manifiesta realmente el Espíritu Santo? Veamos la Palabra anterior en lenguaje de vida diaria. Cuando dices "Gracias, Señor", estás en el Espíritu. Cuando te quejas, no estás en el Espíritu. Andar en el Espíritu es cantar himnos, hablar entre nosotros, someterse a autoridad. El que tiene un espíritu rebelde, no está en el Espíritu. Una persona que está en el Espíritu sabe estar bajo autoridad. Eso es lo que demuestra que te convertiste. No es que les permitas a los demás que te pisoteen y te humillen. Es que te des a respetar dignamente, respetando a los demás, y sabiendo ocupar su lugar. Haz lo correcto, aunque para otros seas un tonto.

Un hombre que está en el Espíritu ama a su mujer y, como Cristo, debe estar dispuesto a dar la vida por ella. Eso es estar en el Espíritu. Un hombre nunca se debe casar con ninguna mujer si no está dispuesto a dar la vida por ella. Ninguna mujer se debe casar con un hombre que no esté dispuesto a dar la vida por ella, y no se trata precisamente de morir físicamente. Se refiere a que esté dispuesto a hacer todo lo que sea necesario por el bienestar de esa mujer, de forma honesta y responsable. De lo contrario, ese hombre no está en el Espíritu.

El hombre que anda en el Espíritu siempre va a hacer el esfuerzo de no hacer nada que se interponga en su relación con Dios. Es consciente de que Dios está presente en su vida diaria, en todo lo que piensa, dice y hace. Todos pueden observar a la misma persona en casa, en el hogar, en la iglesia, en el trabajo, en el parque. Dondequiera que va, se comporta de forma que Dios se agrade con lo que hace. Cada cosa que se propone, primero lo dialoga con Dios para no entorpecer el sueño de Dios en su vida.

> *Hijos, obedeced en el Señor a vuestros padres, porque esto es justo. Honra a tu padre y a tu madre, que es el primer mandamiento con promesa.* (Efesios 6:1-2)

¿Qué es estar lleno del Espíritu? Un hijo que obedece. Tú puedes ser el más ungido y si no obedeces, no estás en el Espíritu. Ninguna cosa sustituye a la verdad del fruto del Espíritu. Un hijo que anda en el Espíritu respeta a sus padres sin importar cómo o quiénes sean. Cuida de ellos cuando lo necesitan, escucha sus consejos, y siempre toma en cuenta sus opiniones.

> *Y vosotros, padres, no provoquéis a ira a vuestros hijos, sino criadlos en disciplina y amonestación del Señor.* (Efesios 6:4)

Corrige a tus hijos, disciplínalos, pero no estés con actitudes que provoquen ira en ellos. Una cosa es disciplinar y otra es abusar de un hijo, que lo que crea es ira. Luego tienes a un hijo rebelde y te preguntas: "¿De dónde salió esa rebeldía?". Padre, no estás en el Espíritu si no estás haciendo lo correcto. A muchos padres se les olvida que ellos también fueron hijos, y que vivieron esa etapa en la que se encuentran sus hijos hoy. Ahora solamente se enfocan en querer que ellos sean mejores, y que aprovechen las oportunidades que ellos no tuvieron.

Los padres que están llenos del Espíritu buscan la dirección de Dios para criar a sus hijos en cada etapa de desarrollo. Para no provocar a ira a los hijos hay que practicar la paciencia que produce el fruto del Espíritu. Los padres que están llenos del Espíritu escuchan a sus hijos, los respetan, y los corrigen en amor.

Venir a la iglesia es fácil. Hacer todo esto no lo es. ¿Por qué muchos matrimonios fracasan? Porque no están llenos del Espíritu. Quieres resolver con oración lo que se resuelve con amor. Quieres resolver con oración lo que se resuelve con entregar la vida por tu esposa. Cuando el matrimonio busca de Dios juntos, reconocen mutuamente sus faltas y se acercan a Dios con un corazón sencillo, humilde y dispuesto a obedecer a Dios, el Espíritu les llena de sabiduría para aceptar sus errores cuando es necesario.

Quieres resolver con oración los problemas de tus hijos, cuando lo que se requiere es que cambies tu carácter, pidas perdón, tengas una *metanoia*, transformes tu manera de vivir, y les puedas demostrar a tus hijos que eres una persona renovada, transformada y verdaderamente cambiada por el poder de Dios.

Todos cometemos errores. No te hagas el santurrón; cambia tu vida. Si las cosas no van bien, comienza por reconocer que al único que puedes cambiar es a ti mismo.

> *Siervos, obedeced a vuestros amos terrenales con temor y temblor, con sencillez de vuestro corazón, como a Cristo (…).*
> (Efesios 6:5-8)

A tu jefe debes servirle con amor, con sencillez. Ser rebelde no es estar en el Espíritu. El que no se quiere someter no está lleno del Espíritu.

No es fácil ser cristiano y manifestar una vida llena del Espíritu en un ambiente hostil, pero si buscamos siempre la dirección de Dios para actuar, tendremos las estrategias correctas para agradar primeramente a Dios, y luego a nuestros superiores. Un empleado responsable, puntual, honesto, que cumple con sus deberes, es un empleado lleno del Espíritu. Un empleado lleno del Espíritu cumple con su responsabilidad como si fuera para Dios.

El que es ujier para que otro lo vea, no está lleno del Espíritu. El que se para a cantar para que otro lo vea, no está lleno del Espíritu. Todo lo que haces por halagar a alguien, no está lleno del Espíritu. Cuando entras en una *metanoia*, te olvidas de agradar a los hombres, sirves con amor; tú amas.

> *Y vosotros, amos, haced con ellos lo mismo, dejando las amenazas, sabiendo que el Señor de ellos y vuestro está en los cielos, y que para él no hay acepción de personas.* (Efesios 6:9)

No son solo los empleados. Son los jefes. Esa es una persona que ha sufrido una *metanoia*. Esa es una persona que le entregó verdaderamente su vida al Señor, y ha decidido que su carácter sea dirigido por el Espíritu de Dios. Esa persona somete su vida constantemente al Espíritu, y no se deja llevar por los deseos de la carne. Lo que llaman "espiritual" allá no es espiritual. Lo que es estar lleno del Espíritu de Dios es vivir una vida bajo el dominio y control de Dios. Los jefes que han experimentado un encuentro con Dios, y mantienen una relación íntima con Él, deben expresar el amor de Dios hacia todos aquellos que tienen bajo su autoridad.

Cuando hablamos de expresar el amor de Dios, nos referimos a tratar a los demás como quieren ser tratados. Si quieren que sus empleados les respeten, comiencen por respetarlos. Todos fuimos empleados en algún momento, y al igual que con los hijos, nunca debemos olvidar nuestras experiencias pasadas; aquellas que nos han enseñado y nos han dado la oportunidad de ser mejores seres humanos y alcanzar dignamente nuestras metas.

¿Cómo vemos que tú has cambiado, que te has arrepentido? Cuando tu carácter cambia. Cuando hablas diferente. Cuando en vez de responder con ira, respondes con amor. Cuando Pablo habla de los dones espirituales, Pablo mismo dice que todos esos dones se deben manifestar para edificación de la iglesia.[5] No es para edificación tuya, no es para que tú hagas alarde de ellos. Es para que la iglesia se edifique, y obremos en amor.

Jesús les dijo a sus discípulos que se identificarían con Él si se amaban unos a otros.[6] Porque el amor es lo que une verdaderamente a las personas. El amor es lo que nos mueve a ayudar a los demás. Por amor somos capaces de hacer sacrificios que benefician a otros. Sin amor no es posible vivir en el Espíritu porque el amor es un fruto del Espíritu, y Dios es amor.[7]

Pablo dice en 1 Corintios 13:13: *"Y ahora permanecen la fe, la esperanza y el amor, estos tres; pero el mayor de ellos es el amor".*

Aunque todo eso pase, lo que no debe pasar es el amor. Lo que siempre va a permanecer es el amor: que las personas se amen las unas a las otras, que tengan pasión por los demás; que las personas se quieran. Ninguna persona puede vivir sin amor. La persona que vive sin amor se siente vacía. Y no es que para sentir y dar amor tiene uno que estar casado o tener una relación de pareja. El amor no se circunscribe únicamente a la relación de pareja. La expresión del amor es el cuidado que tenemos por los demás.

Cuando nos preocupamos y ocupamos del bienestar de otros, eso es amor y eso es vivir en el Espíritu. Por eso es que tú debes desear ir a la iglesia, no solo para oír Palabra sino para ver a tu hermano, ver cómo está creciendo en el Espíritu esa persona que se sienta a tu lado, para encontrarte con alguien en la iglesia. Tú debes desear venir aquí con alguien, y amar a las personas. Eso es vivir en el Espíritu.

LA EXPRESIÓN DEL AMOR ES EL CUIDADO QUE TENEMOS POR LOS DEMÁS.

Lo que pasa es que llegamos a la iglesia tan cargados de la calle, del mundo, que las personas nos fastidian. Y queremos nuestro tiempo, nuestro espacio, nuestro lugar, sin darnos cuenta de que para los cristianos, nuestro espacio, nuestro lugar, todo lo que Dios nos da es para servir a otros, para amar a otros en compañerismo, edificarlos, cuidarlos, protegerlos, y hacer todo lo que Dios quiere que se haga.

El problema es que hemos cambiado lo que es la conducta del carácter de un creyente por ciertas manifestaciones. Yo no niego los dones. El Espíritu Santo da dones, y los da como Él quiere y cuando Él quiere. El Espíritu Santo tiene todo el poder para eso. Pero estoy cansado de personas que dicen tener dones, y sus vidas no representan lo que es ser un cristiano. Cualquiera puede tener un mal día. ¿Pero tener todos los días malos?

Estar en el Espíritu no es ser tonto. Es tomar el control y la autoridad en tu vida. Nos vamos a encontrar todas las semanas con situaciones donde tenemos que escoger asumir autoridad sobre nuestra vida. Cuando no entendemos esto, vivimos vidas a medias. Buscamos en Dios lo que no debemos estar buscando.

Vivir en el Espíritu es una verdadera vida transformada, cambiada, renovada, donde cuando esperan que me moleste, no me molesto; actúo diferente a lo que todos esperan. Si antes todas las respuestas que dabas incluían una palabra soez o vulgar, ahora tu manera de hablar incluye ternura, amabilidad, respeto, amor, y los demás lo notan.

Cuando cometas un error, acéptalo, y sabe que en la vida cuando cometemos un error, vamos a tener pérdidas. Uno tiene que moverse hacia adelante. Yo lo libero, y dejo que Dios sea el que recompense mi vida. Las cosas que haya que luchar, las luchamos, pero se trata de ir por los

> VIVIR EN EL ESPÍRITU SANTO ES NO DEJAR QUE LA ANSIEDAD CONTROLE MI VIDA NI INTERRUMPA MI SUEÑO.

canales correctos, de hablar. Vivir en el Espíritu Santo es no dejar que la ansiedad controle mi vida ni interrumpa mi sueño. Antes por cualquier situación tu vida se volvía un caos, nervios, histeria, maldecías. Ahora oras, cantas y declaras tu esperanza en Dios. Vives confiado porque sabes que Dios cuida de ti, porque todas las cosas les ayudan a bien a aquellos que le aman.[8] Duermes tranquilo porque le entregas al Señor tu sueño, sabiendo que *"no se dormirá el que guarda a Israel"*.[9] Eso es vivir en el Espíritu Santo.

Vivir en el Espíritu no es andar por toda la casa orando con deses-peración. Si estás orando porque Dios te pidió que oraras, eso es andar en el Espíritu. Pero orar por miedo no es estar en el Espíritu Santo. Una cosa es orar porque Dios te levante a las 2 de la mañana y otra cosa, es decir: "Voy a orar toda la noche porque no puedo dormir por los problemas que tengo". Muchas personas creen que vivir en el Espíritu es orar tres horas o más diariamente, y piensan que si no oras por lo menos una hora, no eres una persona espiritual. La oración no es para presumir. La oración es el medio a través del cual nos comunicamos con Dios. Pero no es necesario orar tantas horas para decir que eres una persona ungida. No es que orar tres horas al día o cuando puedas está mal. Es que no puedes basar tu unción en la cantidad de horas que dedicas a la oración, porque tenemos otras responsabilidades con las cuales tenemos que cumplir que requieren que les dediquemos tiempo. Ser buenos administradores de nuestro tiempo es también vivir en el Espíritu.

Pablo, hablando a los tesalonicenses, les dice: *"Orad sin cesar"*.[10] No me estoy contradiciendo; podemos orar sin cesar. Podemos orar mientras conducimos el automóvil, mientras lavamos la ropa, mientras fregamos y cocinamos, mientras limpiamos la casa. Podemos orar todo el tiempo, porque para orar solo necesitamos abrir nuestra boca y hablar con nuestro Dios, en todo lugar, en todo momento. Si puedes dedicar más de una hora diaria a la oración, hazlo. No importa la cantidad de tiempo que dediques a la oración, debes hacerlo porque anhelas conversar con tu Dios, o necesitas tener ese momento especial con Él. No lo hagas por miedo, ni por obligación, ni porque alguien te diga que es una buena estrategia para obtener lo que deseas. La oración es el medio a través del cual cultivamos nuestra vida en el Espíritu y nos acercamos a Dios.

Metanoia es ser dirigido por el Espíritu de Dios. Ser dirigido por el Espíritu de Dios es tomar autoridad en tu vida. Jesús ayunó y oró cuarenta días y cuarenta noches en el desierto, apartado de todos.[11] Luego comenzó un ministerio tan efectivo, que según los datos bíblicos solo duró tres años y medio. Cuando lo vemos orando después de esos cuarenta días, dice oraciones cortas y precisas, expresadas con toda la confianza y certeza de que está siendo escuchado, y de que lo que diga será hecho. Su autoridad provenía de la relación que tenía con su Padre. Todo lo que hizo fue cumplir la voluntad de su Padre. Fue el Espíritu mismo quien le ayudó a realizar la tarea que tenía que cumplir.[12]

Aspira a que vivir en el Espíritu sea el centro de todo lo práctico que tengas que hacer y decidir; que vivir en el Espíritu trascienda tu ámbito espiritual, y asuma el control de todo en tu vida. Eso es vivir una vida transformada. Eso es vivir en el Espíritu.

REFLEXIONA:

1. Busca en tu conducta las veces que expresas rebeldía cuando debes estar bajo autoridad.

2. ¿Respondes con ira a tu familia por razones que no se relacionan con ellos? ¿A otras personas?

3. Escribe una lista de las acciones que, después de leer este capítulo, te indican que no has estado viviendo en el Espíritu.

4. ¿Qué conductas y reacciones encontraste que debes cambiar para vivir en el Espíritu?

5. Enumera las conductas que demuestran que vives en el Espíritu.

Responsables de influenciar

Pastora Omayra Font

Voz que clama en el desierto: Preparad camino a Jehová; enderezad calzada en la soledad a nuestro Dios. (Isaías 40:3)

Estos versículos de Isaías se cumplieron en la persona de Juan el Bautista. Juan fue el hijo que tuvieron Zacarías y Elisabet. Cuando Elisabet tenía seis meses de embarazo, recibió la visita de su prima María, quien estaba embarazada de Jesús. Cuando Elisabet escuchó el saludo de María, la criatura brincó en su vientre. Ella recibió la revelación de que el niño en el vientre de María era el Mesías. Juan creció escuchando el milagro de su nacimiento, pues sus padres eran ya ancianos y Elisabet era estéril. Ya hombre, Juan se convirtió en un predicador que anunciaba la llegada del Mesías. Iba predicando por campos y ciudades, recordándole al pueblo las profecías escritas sobre el Mesías, y que muy pronto este se manifestaría.

Llegado el momento, Jesús acudió a una de esas predicaciones de Juan mientras este bautizaba, y Jesús fue bautizado por Juan. Allí él reconoció a Jesús como el Mesías que esperaban. Juan no quería bautizarle, pues entendía que era él quien debía ser bautizado por Jesús. Pero tenía que cumplirse lo que estaba escrito, así que le bautizó. Y cuando salía Jesús del agua, los cielos se abrieron y escucharon una voz como de trueno que decía: *"Este es mi hijo amado en quien tengo complacencia"*.[1] Era Dios Padre, dándole a su Hijo el reconocimiento que merecía delante de todos los presentes. El Espíritu Santo descendió del cielo en forma de paloma, se posó sobre Jesús y lo trasladó al desierto, donde pasó cuarenta días y cuarenta noches para luego comenzar su ministerio de tres años.[2]

El llamado de Juan era desatar el destino de Jesús. Así mismo, la *metanoia* ocurre en nuestra vida cuando entendemos que aún cuando tenemos un llamado, todos tenemos una responsabilidad de desatar el destino de otras personas. No es que tengas en tus manos el destino de otra persona; Dios es quien tiene el destino de esa persona. Pero todos y cada uno de nosotros formamos una parte integral en la vida de alguien, donde lo que hacemos influye en su destino. Los que somos padres, muchas veces tomábamos decisiones, y cuando cargamos a nuestro primer hijo recibimos una *metanoia* y dijimos: "Mi vida y mi manera de ser ya no pueden ser iguales".

Es lo mismo cuando un maestro recibe a un estudiante que regresa, y el estudiante le dice: "La manera en que usted me enseñó, el que usted haya creído en mí cambió mi vida". Y desde ese momento, ese maestro se da cuenta de que las cosas que hace en ese salón de clases no son simplemente un trabajo. Donde trabajamos no es solo un sitio donde entramos y salimos, sino un lugar donde lo que hacemos tiene poder en la vida de otras personas; tiene poder de transformar. Es lo mismo que sucede en cualquier otra profesión.

Cuántos hemos visto en la televisión donde se hace un encuentro de la persona que salvó a alguien de ahogarse; alguien que salió de su zona de comodidad y ayudó a una persona a salir de una situación difícil. Muchos hemos sido protagonistas de momentos así, donde sin saberlo, sin esperarlo, sin anunciarlo, las cosas que hacemos tienen un efecto positivo en la vida de otra persona. Para que experimentemos una verdadera *metanoia* en nuestra vida, tenemos que entender que nuestra vida tiene un efecto en las vidas de los demás.

Es como lo que experimentamos los ministros. Cuando alguien regresa y dice: "Pastor, su oración, la Palabra que predicó tal día, aquello que usted dijo, esas palabras cambiaron mi vida para siempre". O lo que siente un cantante cuando alguien le dice: "En los momentos más difíciles de mi vida, canté tus canciones".

Pero tienes que entender que eso no está reservado para los ministros, los cantantes, los autores, los maestros. Es para todo el que pueda entender que nuestras acciones, nuestras vidas tienen significado para los demás. Tu vida puede marcar la diferencia en la vida de otra persona.

> TU VIDA PUEDE MARCAR LA DIFERENCIA EN LA VIDA DE OTRA PERSONA.

La Biblia dice que Moisés envió doce espías a reconocer la Tierra prometida. Dos dieron el reporte correcto, pero hubo diez que regresaron dando un reporte negativo; regresaron dándose por vencidos sin ni siquiera empezar la batalla. Fueron espías que no tomaron en consideración el esfuerzo y el gran paso de fe que aquel pueblo había dado para salir de Egipto, sino sucumbieron a sus propios miedos, a sus propios pensamientos y, con ellos, hundieron a todo el pueblo en cuarenta años de vagar en un desierto, de dar vueltas en el mismo lugar.

Nosotros tenemos la responsabilidad de desatar el destino de los que están a nuestro alrededor. Como cristianos, debemos procurar que cuando entramos en contacto con alguna persona, su vida sea mejor después de que haya entrado en contacto con nosotros. Tienes que procurar que el lugar donde vayas, ese lugar quede mejor después de tú haber estado allí; que todo lugar donde trabajes, cuando salgas esté mejor que como estaba antes de que estuvieras allí.

> TENEMOS LA RESPONSABILIDAD DE DESATAR EL DESTINO DE LOS QUE ESTÁN A NUESTRO ALREDEDOR.

Es una responsabilidad que nos ha sido dada, es una responsabilidad que tenemos que entender para que haya esa transformación, para que haya esa *metanoia* en nuestra vida.

Lo tenemos que entender los padres: con nuestros hijos no tenemos tiempo que perder. Cada minuto que invertimos en enseñarles, veremos el fruto de todo ese tiempo. Cada enseñanza, cada palabra que compartimos con ellos tiene la capacidad de traer un cambio en su vida. Si hay algo dentro de nosotros que tenemos que cambiar para que la vida de nuestros hijos sea mejor, ha llegado el momento de sufrir una *metanoia*, y de cambiar de una vez por todas.

La Biblia dice: *"Instruye al niño en su camino y aun cuando fuere viejo no se apartará de él"*.[3] A veces, los hijos tienen oportunidad de superarnos y superar las generaciones, y con las cosas que les decimos, atamos y paralizamos una vida mejor para ellos.

En un momento de *metanoia* en tu vida debes entender que como cristianos tenemos la responsabilidad de desatar el destino de aquellos que Dios ha asignado a nuestra vida, como nuestros hijos, nuestros cónyuges, nuestros hermanos, nuestros sobrinos, nuestros nietos, y uso esta palabra con peso: responsabilidad.

Tenemos una responsabilidad de mejorar la vida de los otros. Tenemos una responsabilidad de intervenir en el momento en que haga falta. Tenemos una responsabilidad de detener una confesión negativa, y de decirle a alguien que hable una confesión negativa: "No digas esas cosas; esa es una confesión negativa". Ata y paraliza las palabras negativas que escuches. Hemos sido enviados, y la revelación que tenemos en nuestra vida no puede ser para nosotros solos.

Deuteronomio 6:6-9 nos habla de un gran mandamiento.

> *Y estas palabras que yo te mando hoy, estarán sobre tu corazón; y las repetirás a tus hijos, y hablarás de ellas estando en tu casa, y andando por el camino, y al acostarte, y cuando te levantes. Y las atarás como una señal en tu mano, y estarán como frontales entre tus ojos; y las escribirás en los postes de tu casa, y en tus puertas.*

Haces *metanoia* cuando entiendes que fuiste llamado a influenciar a todas las personas que Dios trae a tu vida, dondequiera que estés.

> ATA Y PARALIZA LAS PALABRAS NEGATIVAS QUE ESCUCHES.

Es muy probable que te encuentres con personas con unos talentos especiales que no han logrado exponer por miedo, por falta de confianza propia, por falta de recursos económicos, o por no saber ver la oportunidad. Tú puedes ser una influencia determinante para abrirles paso, haciendo lo siguiente:

1. Observa cuánta seguridad en sí misma tiene la persona. Descríbele su talento como tú lo ves, y abre sus ojos ante las oportunidades para desarrollarlo, y el provecho que puede obtener.

2. Conviértete en un motivador para las personas con talento. Con frecuencia, todo lo que necesita una persona para moverse a realizar sus sueños es alguien que crea en él, lo aliente y lo apoye con palabras y con acciones.

3. En ocasiones, una persona necesita finanzas disponibles para iniciar una idea. Puedes sembrar en ella la Palabra de Dios correcta, enseñarle a reclamarla, y orar con ella. Puedes ponerle en contacto con las personas o instituciones adecuadas que le ayuden a lograr su sueño. Puedes incluso ayudarle a preparar un presupuesto real para empezar a mover su sueño.

4. Hay personas que tienen el talento y los recursos. Solo necesitan de alguien que les escuche en sus momentos difíciles o de

duda, o de alguien cuya presencia y acciones le sirvan de ejemplo para lanzarse. Alguien que diga: "Yo sé que tú puedes, yo voy a ti, aquí estoy para apoyarte y ayudarte en todo lo que pueda, juntos lo lograremos".

5. Tal vez haga falta alguien que pueda unirse como parte de un equipo ganador; alguien con un talento complementario.

Desde el lugar y la experiencia de cada uno de nosotros, siempre podemos influenciar a la persona más próxima a manifestar su destino.

REFLEXIONA:

1. ¿Cuántas confesiones negativas escuchas de tus hijos y de tu cónyuge, que ignoras en vez de detener? ¿Y fuera de tu hogar?

2. Enumera las cosas que puedes haces en tu hogar y para tus seres queridos, para que sus vidas mejoren.

3. ¿Qué transformación puedes hacer en ti que mejoraría tu lugar de trabajo, y las personas que Dios traiga a tu vida?

Construye tu altar

*Cuando, pues, hayas pasado el Jordán, levantarás estas
piedras que yo os mando hoy, en el monte Ebal, y las
revocarás con cal; y edificarás allí un altar a Jehová tu
Dios, altar de piedras; no alzarás sobre ellas instrumento
de hierro. De piedras enteras edificarás el altar de Jehová
tu Dios, y ofrecerás sobre él, holocausto a Jehová tu Dios; y
sacrificarás ofrendas de paz, y comerás allí, y te alegrarás
delante de Jehová tu Dios. (Deuteronomio 27:4-7)*

Por causa del modernismo en la iglesia, una de las cosas que
se ha ido sacando cada vez más es el principio de construir
un altar. Sin darnos cuenta, lo que hemos hecho es tratar de
construir un altar donde las personas vengan a adorar. El problema
es que cuando yo te construyo un altar a ti para que vengas a adorar,
es una experiencia diferente que cuando tú lo construyes y sacri-
ficas en un lugar que tú construiste. Por eso, a través del tiempo
hemos caído en eso sin llevar a las personas a lo que es el verdadero
proceso de la adoración y de servir a Dios.

Para comprender mejor el término de altar, es conveniente definirlo de forma tal que podamos entender su significado para luego aplicarlo en nuestra práctica. Según lo encontramos en la Biblia, la palabra altar proviene del término hebreo *mizbeah*, que significa "lugar de matanza". El primer altar mencionado en la Biblia aparece en el Antiguo Testamento, en el libro de Génesis 8:20, construido por Noé después que salió del arca. La palabra altar aparece 360 veces en la Biblia. Además de Noé, Abraham, Isaac, Jacob, Moisés y Josué construyeron altares sacrificiales y memoriales.[1]

El propósito del altar era ofrecer sacrificios y quemar incienso. Una vez encendido el fuego del altar, tenía que arder permanentemente.[2] Sin embargo, en el Nuevo Testamento no se ven altares como en el Antiguo Testamento. De acuerdo con Hebreos 13:10-15, Jesucristo es el altar de cada creyente, y nuestro sacrificio debe ser de alabanza pronunciando su nombre. El altar era **un lugar** donde el hombre obtenía el favor de Dios; era perdonado y santificado. Tenía que haber derramamiento de sangre para tener acceso a Dios, y ser perdonado.[3]

Observa que te recalco que era un lugar. En la Biblia siempre se habla de un lugar alto donde acudía el pueblo para sacrificar ante Jehová; un lugar donde se traían ofrendas, muestras de agradecimiento, adoración, respeto o admiración. Sacrificaban animales para lavar su pecado ante Dios. Podía ser una mesa donde quemaban incienso para comunicarse con Dios. En otras palabras, el altar era un lugar donde se establecía una conexión o comunicación entre Dios y el hombre.

Dios le dio dos experiencias al pueblo de Israel en el desierto. Uno, Dios les dio la experiencia de que el monte ardía, y cuando el monte ardía la presencia de Dios estaba allí. Dios estaba en aquel lugar, y absolutamente nada pasó con el pueblo. Pero como fue Dios el que hizo que el monte ardiera, cuando Moisés bajó el pueblo estaba adorando un becerro de oro.[4]

Me imagino a Dios diciendo: "Se acabó. Yo ya no voy a estar en el monte. Ahora me van a construir un arca, ahora me van a construir un templo, un lugar, ahora ustedes van a pasar un esfuerzo porque si ustedes se quieren reunir conmigo, tiene que haber un sacrificio de parte de ustedes, y tienen que construirme algo donde yo me vaya a encontrar con ustedes, porque la vez que se lo di gratis no sirvió".[5]

Cuando miras el Antiguo Testamento, todos los hombres que fueron usados por Dios siempre se encargaron de construirle un altar a Dios dondequiera que iban. Abraham mismo hacía el altar, y traía el sacrificio. Cuando David fue a adorar a Dios, le iban a regalar el terreno, y él dijo: *"no le daré nada a Dios que no me cueste"*.[6] Desde Génesis vemos altares. Caín y Abel ofrecieron a Dios sacrificios. Noé, después del diluvio, lo primero que hizo fue un altar. Abraham hizo varios altares. Isaac, Jacob hicieron varios altares. Moisés, Josué y David hicieron altares.[7]

Porque no hay verdadero altar, no hay verdadera experiencia con Dios si no hay un sacrificio, si no hay un esfuerzo de tu parte. No es simplemente dar una ofrenda, una contribución, para ser parte del altar que Dios quiere levantar.

En el Nuevo Testamento, Cristo hizo el altar más grande. Y Pablo dice que tenemos que presentar nuestro cuerpo como sacrificio vivo delante del Señor; que tenemos que consagrarnos a Él. El modernismo del altar no quita el principio del altar. El principio del altar es donde yo sacrifico mi vida, donde yo me voy a encontrar con Dios.

Es un lugar que yo...

1. Construyo.

2. Consagro.

Y un lugar donde yo...

3. Sacrifico.

4. Me encuentro con Dios.

Y cuando me encuentro con Dios en ese lugar, Dios me da la dirección en la que yo voy a caminar el resto de mi vida. En cada altar era donde Dios hacía el pacto, y daba su Palabra. Era un lugar especial; un lugar que el hombre construía, que el hombre levantaba.

Si quieres que Dios cambie tu vida, tú quieres tener una *metanoia*, una transformación. Llegó el momento de agarrar las piedras, de construir el altar, y de traer el sacrificio para que comas y te alegres delante de la presencia del Señor. Se trata de ir a la iglesia a encontrarte con Dios, y que tu vida cambie para siempre. Yo te pregunto: ¿Cómo construiste tu altar antes de salir para la iglesia? ¿Qué fue lo primero que hiciste cuando te levantaste? ¿Qué haces durante toda la semana para construir tu altar?

¿Sabes qué tienes que hacer para construir el altar?

1. Entender que tienes que construirlo, y toma tiempo. El altar se construye día a día con tu oración, con tu vida, con tu trabajo, con tu esfuerzo.

2. El altar es un lugar consagrado. ¿Qué parte de tu vida está consagrada? Lo grande de ir al altar es que lo que se presenta en el altar es lo consagrado a Dios. Por eso es que el diezmo es tan poderoso. Por eso es que la ofrenda es tan poderosa, porque no se trata de dinero. Se trata de que le estás diciendo a Dios que esa parte de tu vida está consagrada a Él.

Consagrado quiere decir separado con un propósito especial. Durante esta semana, mientras viviste tu vida usaste tu tiempo, disfrutaste tu dinero, y te esforzaste. ¿Consagraste algún tiempo especial para Dios, aparte del domingo? ¿Vives consagrado a Dios? ¿Hay un lugar en tu cuarto y en tu casa que están consagrados? Tiene que haber unos momentos en la semana donde te consagras a Dios, donde separas tiempo para Dios. El diezmo es una parte de tus finanzas que usas única y exclusivamente para honrar a Dios. El que prospera es aquel que se presenta con sacrificio delante de Dios, diezma, ofrenda, trabaja, se esfuerza, hace lo que tiene que hacer, viene al altar y dice: "Mi vida tiene que mejorar".

¿Servirías a un Dios que te hubiera dado lo peor? ¿O servimos a Dios porque nos dio lo mejor? Servimos a Dios porque nos dio lo mejor y pretendemos obtener lo mejor, sin nosotros dar lo mejor.

Toda tu vida tienes que ir construyendo el altar. Son todos los días durante la semana. No puedes ir delante de Dios sin que haya un esfuerzo, sacrificio. Necesitas entender que no hay verdadera presencia de Dios si no hay sacrificio. Puedes quedar bien delante de los hombres y las personas aceptarte ciertas cosas, pero delante de Dios, solo te puedes presentar con lo mejor. Lo grande es que si hay alguien que sabe qué es lo mejor que podemos dar, es Dios.

> (...) «*Un hijo honra a su padre y un sirviente respeta a su señor. Si yo soy su padre y su señor, ¿dónde están el honor y el respeto que merezco? ¡Ustedes han tratado mi nombre con desprecio!* »*No obstante, preguntan: "¿De qué manera hemos tratado tu nombre con desprecio?".* »*Mostraron su desprecio al ofrecer sacrificios contaminados sobre mi altar.* »*Entonces preguntan: "¿Cómo hemos contaminado los sacrificios?".* »*Los contaminaron al decir que el altar del Señor no merece respeto. Cuando ofrecen animales ciegos como sacrificio, ¿acaso no está mal? ¿Y no está mal también ofrecer animales lisiados y enfermos? ¡Intenten dar este tipo de regalos al gobernador y vean qué contento se pone!*» (...) . «*¡Adelante, supliquen a Dios que sea misericordioso con ustedes! Pero cuando llevan esa clase de ofrendas a él, ¿por qué debería tratarlos bien?*» (...) «*¡Cómo quisiera que alguno de ustedes cerrara las puertas del templo para que esos sacrificios despreciables no fueran ofrecidos! No estoy nada contento con ustedes* —dice el Señor de los Ejércitos Celestiales—, *y no aceptaré sus ofrendas.* (Malaquías 1:6-10, NTV)

Esos versículos nos dicen: "Tú dices que yo soy... y tú me has dado esa posición, pero ¿dónde está mi honra? Me reconoces por posición, pero tus acciones no se corresponden con tus palabras". Vas a la iglesia, y llevas lo peor de ti y tu peor actitud. Tienes coraje de estar en la iglesia. Te vestiste con lo primero que encontraste porque es para la iglesia, pero mañana para tu trabajo te vas a poner lo mejor. A la casa del Señor se va con lo mejor que uno tiene porque eso es parte de honrarle; de construirle un altar.

> *Porque desde donde el sol nace hasta donde se pone, es gran-de mi nombre entre las naciones; y en todo lugar se ofre-ce a mi nombre incienso y ofrenda limpia, porque grande es mi nombre entre las naciones, dice Jehová de los ejércitos.* (Malaquías 1:11)

El nombre de Dios es tan poderoso que se levantan personas consagradas que le dan lo mejor de ellos a Dios.

¿Cuál es tu altar?

El altar que cambia tu vida es el altar que construyes durante la semana con tu vida de oración, con tu vida consagrada, donde hay sacrificio, donde servir a Dios no es un fastidio, donde ir a ayudar a alguien que está en necesidad no es un problema, sino un privilegio. El altar que

> EL ALTAR QUE CAMBIA TU VIDA ES EL ALTAR QUE CONSTRUYES DURANTE LA SEMANA CON TU VIDA DE ORACIÓN.

transforma tu vida es el altar que creas cuando sales y das la mano, donde contribuir y sembrar no es un problema, sino que servir es un privilegio delante del Señor, y lo haces con corazón limpio, con esfuerzo, con sacrificio.

No es vivir una vida perfecta, pero en la medida que tú puedas, se-mana tras semana, día tras día, dondequiera que estés, vas a decir: "Yo me voy a consagrar para Dios, me voy a cuidar de lo que veo y oigo, de lo que hago, porque voy a entender que sirvo a un Dios grande, y me voy a presentar como ofrenda que demuestre que el Dios al que yo sirvo vale el esfuerzo servirle; que mi vida demuestre lo grande de mi Dios".

El altar conlleva honra. Lo que significa levantar un altar es honrar al Señor todo el tiempo. Más allá de cualquier espacio físico que le consagres a Dios para reconocerle y adorarle, tu altar eres tú, que eres templo del Espíritu Santo. Levantar tu altar es construir un lugar de honra dentro de ti que testifique lo que Dios hace contigo, y que tu espíritu, tu cuerpo y tu mente estén consagrados a Él, y lo adores y le reconozcas. Construir tu altar es convertirte en sacrificio vivo, y encontrarte en Él y con Él todos los días. Ese es el altar que lo honra, y lo invita a hacer tu transformación bajo la dirección del Espíritu Santo, con Dios obrando para darte lo mejor que tiene para ti.

¡El altar eres tú!

REFLEXIONA:

1. ¿Consagras tiempo durante la semana para estar con Dios?

2. ¿Honras al Señor con tu mente, tu espíritu y tu cuerpo?

3. ¿Tienes un lugar específico consagrado a Él en tu hogar?

4. ¿Entiendes lo que significa construir en ti un altar para Dios?

El máximo poder transformador

La verdad más profunda es que no puede existir esa transformación radical ni ese arrepentimiento que produce cambios hasta que una persona experimenta la gracia salvadora de Dios. El supremo poder transformador de tu mente, tu vida y tu destino es la salvación, unida a tu decisión de cambios definitivos y extraordinarios con la ayuda del Espíritu Santo.

La salvación es mucho más que perdón, arrepentimiento, y vida eterna. Empieza con la conciencia de que necesitabas ser salvo; saber que no te podías salvar a ti mismo, y entender qué representa esa salvación para tu vida. Muchas personas que responden al llamado de salvación se preguntan: ¿Cuál es la demostración de mi salvación?

La demostración de tu salvación es el fundamento de la *metanoia*. Es lo que permite la verdadera transformación. Hay muchos problemas sicológicos, emocionales, mentales que los cristianos padecen para los que piensan que necesitan consejería, que si entendieran que son salvos y lo que eso significa, serían libres del 80 o

90% de ellos. Porque cuando experimentas el poder de la salvación, lo primero que pasa es que, a nivel espiritual, el pasado queda sin efecto en tu vida. El pasado no cuenta; concluyó y no debería tener efecto en tu futuro.

Lo que deprime a una persona es pensar que el pasado todavía le persigue. Tú eres creyente, miras por detrás del hombro, y piensas que el pasado te persigue. Pero cuando Dios sacó de Egipto al pueblo de Israel, los hizo pasar por el Mar Rojo, enterró a los egipcios que les perseguían y les dijo: Nunca más van a tener que mirar por detrás de sus hombros. Solo me van a tener que mirar a mí, y ver que yo estoy con ustedes.

Dios no puede tener una relación con alguien que esté mirándolo a Él y mirando hacia atrás. Enfócate solo en Él, el autor y consumador de la fe.[1]

Hemos limitado el poder de la salvación a un evento en la vida de una persona: cuando pasa al púlpito, y acepta a Cristo como Salvador. Las personas piensan que la salvación es un evento que ocurre en el instante de una decisión. No se dan cuenta del continuo proceso que es la salvación en la vida de alguien.

Pasar al frente y ser salvo es el comienzo de tu salvación, de la regeneración en tu vida. Es el comienzo del proceso por el cual Dios te va a llevar para transformarte. En el mundo natural, tus cosas no cambian de un día para otro porque es un proceso donde se manifiesta el poder de esa decisión que tomaste. Entonces las personas piensan que esta es una varita mágica, y no aprenden a trabajar en el proceso de su salvación. Tenemos que mantenernos enfocados en el trabajo de nuestra salvación.

Como todas las cosas que pertenecen a la vida y a la piedad nos han sido dadas por su divino poder, mediante el conocimiento de aquel que nos llamó por su gloria y excelencia. (2 Pedro 1:3)

Dios quiere que tú seas participante de la pureza divina, habiendo huido de la corrupción que hay en el mundo.

1. Todos necesitamos ser salvos. Todos necesitamos la experiencia de salvación. Todos necesitamos reconciliación con Dios. Todos necesitamos un encuentro con nuestro Dios. Más allá de una religión, todos necesitamos esa experiencia donde podamos tener paz con Dios. Los creyentes, cuando aceptamos a Jesús como nuestro Salvador, dejamos la enemistad que teníamos con Dios, nuestra rebeldía, nuestra separación de Él, y entendemos que lo necesitamos, y nos tornamos para tener paz con Dios y en Dios.

2. Según Pedro, tú no te pudiste salvar a ti mismo. Nadie se puede salvar a sí mismo. No hay nada que puedas hacer, naturalmente hablando, para llegar a ese nivel. Tiene que haber una obra divina. Por eso Él tuvo que enviar a su Hijo para que muriera por nosotros en la cruz del Calvario porque es Dios quien tiene que iniciar ese proceso.

Es Dios quien te puede rescatar. Es Dios quien te puede sacar de la droga, del pasado, de esos malos hábitos. Cuántas personas tratan de dejar tantas cosas, pero no es hasta que tú aceptes el poder de Dios en tu vida y entiendas que es solo a través de la fe, a través de lo que Él puede hacer dentro de ti, que puede haber un cambio radical. No hay manera de que lo logres tú solo, con tus obras, con tus acciones. Si Él no te da la fuerza, si Él no te da la capacidad, si Él no te habilita para hacerlo, nada puedes hacer.

No hay nada malo con ir a un programa de adictos a drogas. Pero ¿de qué sirve un programa si Dios no le da a la persona la fuerza para completarlo? ¿De qué sirve que vayas a una consejería si Dios no te da la fuerza espiritual y emocional? En ti mismo no están las fuerzas.

Por eso necesitas el poder de Dios. Por eso necesitas relación con Él. Por eso necesitas una conexión con Él. Tienes que entender que solo Él puede llevarte en ese proceso de transformación, de salvación, para restaurarte y llevarte al nivel que Él tiene para ti, que desea que tú alcances. Así que no tan solo necesitamos ese momento de salvación. Tenemos que entender que Él lo ha iniciado, que Él lo quiere, que Él te ha dado las fuerzas, que es en su soberanía y en su autoridad que tú y yo podemos reclamar esa salvación. Pero no es tan solo una decisión de un día. Es un esfuerzo constante de tu parte en ese proceso, para ver la manifestación de esa salvación total en transformación, salud y prosperidad.

> *Vosotros también, poniendo toda diligencia por esto mismo, añadid a vuestra fe virtud; a la virtud, conocimiento; al conocimiento, dominio propio; al dominio propio, paciencia; a la paciencia, piedad; a la piedad, afecto fraternal; y al afecto fraternal, amor. Porque si estas cosas están en vosotros, y abundan, no os dejarán estar ociosos ni sin fruto en cuanto al conocimiento de nuestro Señor Jesucristo.* (2 Pedro 1:5-8)

Sabemos que Dios nos lo dio por gracia. Sabemos que el poder viene de Él. Te da el poder para salvarte, te rescata del mundo, estás en amistad con Él, pero ahora tienes que poner toda diligencia.

Tienes que involucrar todo tu ser y todos tus pensamientos en ese proceso. Tienes que provocar y querer ese cambio dentro de ti. Tienes que desearlo. El que no quiere cambiar no va a cambiar. Tú no puedes obligar a nadie a cambiar. La persona tiene que decir: "Yo quiero cambiar mi vida porque esta vida no me satisface, no me trae paz. Cuando miro mi futuro a través de las decisiones que estoy tomando, esta vida no me lleva hacia donde yo quiero ir. Por lo tanto, yo tengo que poner esfuerzo, diligencia, tengo que trabajar en este proceso". Eres salvo por la obra redentora de Cristo. Eres salvo por su poder. Él te da la fuerza; si Él no está contigo, no lo puedes hacer.

Tienes que saber que si no pones de tu parte en este proceso, lo dejas a medias. No experimentas el verdadero poder transformador en tu vida. Experimentas única y exclusivamente una pequeña parte. Ahí es donde los cristianos se han quedado. No han sufrido esa *metanoia*. Hay personas que van a ir al cielo, pero sus vidas son unos fracasos.

Eres salvo. La pregunta es: ¿En qué vas a poner diligencia? ¿En la carne? ¿En tu pasado? ¿O vas a poner diligencia en la salvación que acabas de recibir? ¿Vas a buscar el conocimiento de Dios? Tiene que pasar en tu vida ese desarrollo espiritual donde pongas diligencia en el trabajo que tienes que hacer para que se complete la obra transformadora de Dios.

Lo grande es que cuando haces eso de corazón, cuando Dios se convierte en tu única opción, experimentas el poder de Dios. Creces para experimentar la grandeza de Dios, la restauración de todas las cosas en tu vida.

¿Quién se encarga de guiar a los nuevos convertidos y ayudarlos a continuar creciendo después que aceptan a Cristo como su Salvador? Lo que hace una iglesia es enseñarte cómo crecer en esa salvación, para que tú pongas toda diligencia en lo que te va a llevar a completar el proceso de regeneración en tu vida.

> LA PERSONA QUE EXPERIMENTA UNA *METANOIA* EN SU VIDA, EXPERIMENTA EL PODER COMPLETO DE LA SALVACIÓN.

La persona que experimenta una *metanoia* en su vida, experimenta el poder completo de la salvación. Dios quiere hacer de ti un ejemplo para que algún día, cuando las personas te miren, puedan ver que lo que han hecho no les ha llevado a alcanzar lo que tú has alcanzado; lo que hay dentro de ti que no hay manera de explicarlo. Cuando tú miras a alguien, tu propio espíritu te da discernimiento y te dice: "Yo quiero lo que esa persona tiene".

La vida que un hombre y una mujer desean tiene acceso a través de la sangre de Cristo. Entonces, allí puedes trabajar para desarrollar toda esa vida.

El primer lugar donde se pone la salvación es en el momento que se acepta a Cristo. El otro lugar donde se pone la salvación es en las moradas celestiales. El miedo que se les ha infundido a las personas ha provocado que las personas quieran estar seguras de que van para el cielo. Las personas están pensando en el más allá.

¿Qué pasa entre el altar y el cielo? ¿Cómo vives en ese tiempo que está en medio? Tienes que trabajar en ese tiempo a través del acceso que Él te dio, en un proceso donde tu vida va cambiando y siendo transformada. Y tu seguridad de salvación viene al reconocer la autoridad de Cristo, que sin Él nada puedes hacer. ¿Cómo estás seguro de que eres salvo? Eres salvo porque Él te dice que eres salvo, y el Espíritu que está dentro de ti te da testimonio de que eres salvo. En vez de escuchar al mundo, escucha la voz interna dentro de ti que te dice que eres salvo.

Al ser salvo, eres perdonado, pero ser perdonado no te exime de la responsabilidad de reparar cualquier daño. Las personas dicen que los salvos son esas personas tan perfectas que no cometen ningún error, que no fallan en nada, cuando la experiencia de la salvación es mucho más que eso.

> **SER PERDONADO NO TE EXIME DE LA RESPONSABILIDAD DE REPARAR CUALQUIER DAÑO.**

Yendo Jesús a Jerusalén, pasaba entre Samaria y Galilea. Y al entrar en una aldea, le salieron al encuentro diez hombres leprosos, los cuales se pararon de lejos y alzaron la voz, diciendo: ¡Jesús, Maestro, ¡ten misericordia de nosotros! "Cuando él los vio, les dijo: Id, mostraos a los sacerdotes. Y aconteció que mientras iban, fueron limpiados. Entonces uno de ellos, viendo que había sido sanado, volvió, glorificando a Dios a gran voz, y se postró rostro en tierra a sus pies, dándole gracias; y éste era samaritano. Respondiendo Jesús, dijo: ¿No son diez los que fueron limpiados? Y los nueve, ¿dónde están? ¿No hubo quien volviese y diese gloria a Dios sino este extranjero? Y le dijo: Levántate, vete; tu fe te ha salvado. (Lucas 17:11-19)

Estos versículos muestran uno de los aspectos más poderosos de lo que es la salvación en una persona. Muchas personas han sido sanadas, pero solo algunas lo ven. ¿Se puede extender la sanidad a alguien que no sea salvo? Sí. ¿Quién es el salvo? El que regresa después de ver lo que Dios ha hecho. Lo que demuestra que seguimos en nuestro proceso de salvación es que siempre tenemos que volver a Dios. Aquellos que ven la sanidad, la nueva vida, vuelven.

Hay algunos que cuando el problema se soluciona, se quedan donde están. Hay otros que cuando resuelven el problema, vuelven porque se dan cuenta de que nunca se trató del problema. Se dan cuenta de que encontraron a alguien que cambió su vida para siempre y regresan; quieren estar ahí. Cuando tienes pasión para orar, leer la Palabra, eso demuestra que ese proceso de salvación está tomando su espacio en tu vida, ese espacio; que cambiaste de dirección y estás siendo transformado.

Ahora estás en posición de recuperar todo lo que habías perdido. Tu acción de volver es lo que te asegura que Dios puede completar la obra.

Diez clamaron, como muchas personas que deciden entregarle su vida al Señor. Los diez que clamaron alcanzaron misericordia porque Dios no echa fuera a nadie. Pero los que perfeccionan la obra en su vida son los que cuando reciben la misericordia de Dios, dicen: "Yo no voy a vivir de misericordia en misericordia. Yo me voy a postrar ante este hombre porque si de Él vino misericordia, de Él viene todo lo que yo necesito".

REFLEXIONA:

1. ¿Qué entiendes sobre el poder de la salvación integral?

2. ¿Qué puedes hacer para continuar el proceso y alcanzar las transformaciones o *metanoia* que trae la salvación?

Perseverar en la fe

Trabajamos en el proceso de los cambios que produce nuestra salvación después que respondemos al llamado. Esa salvación tiene que llenar todas las áreas de tu vida y tiene que verse. Eres salvo cuando puedes ver lo que Dios ha hecho contigo, y regresas a la casa de Dios. El que es salvo siempre regresa. Sin embargo, ¿qué pasa con el que regresa, pero cae y se va?

*Por tanto, dejando ya los rudimentos de la doctrina de Cristo, vamos adelante a la perfección; no echando otra vez el fundamento del arrepentimiento de obras muertas, de la fe en Dios, de la doctrina de bautismos, de la imposición de manos, de la resurrección de los muertos y del juicio eterno. Y esto haremos, si Dios en verdad lo permite. Porque es imposible que los que una vez **fueron iluminados y gustaron del don celestial, y fueron hechos partícipes del Espíritu Santo, y asimismo gustaron de la buena palabra de Dios y los poderes del siglo venidero**, y recayeron, sean otra vez renovados para arrepentimiento, crucificando de nuevo para sí mismos al Hijo de Dios y exponiéndole a vituperio. (Hebreos 6:1-6)*

Sé que te has preguntado muchas veces: ¿Por qué cae una persona que ha sido iluminada, gustó del don celestial, fue hecha partícipe del Espíritu Santo, recibió la buena Palabra de Dios y los poderes del siglo venidero? ¿Por qué recae si ha recibido estas cinco experiencias? Porque no tiene su fe en Cristo; no se arrepiente profundamente ni permite cambios en su vida.

Una de las tristezas más grandes que me da como pastor está en las personas que llevan quince o veinte años en el evangelio, y no conocen el evangelio. Controlan y modifican sus conductas superficialmente, pero cualquier problema los hace caer en el pecado, y comportarse peor que hace quince años atrás. Buscan cualquier excusa para volver atrás en sus vidas, y no disfrutan de la verdadera salvación y todos sus beneficios.

Disfrutan de todo esto, pasa algo, y los ves sufriendo vidas retrasadas. Se les hace difícil arrepentirse porque creen que esas cinco experiencias debieron haberlos protegido de lo que les pasó. Lo que piensan es: "Si esas cinco experiencias no me protegieron de las dificultades que estoy viviendo, eso no sirvió para nada". Hacen de sus experiencias su relación con Dios, en vez de entender que la vida en Cristo no se basa en ninguna de esas experiencias, sino en la fe de aceptarlo, recibirlo a Él para toda la vida, y rendirse a su transformación.

Hermanos, cualquiera comete un error. El problema es seguir en el error y pretender justificarlo. El problema es no admitir el error y no decir: "Me arrepiento, cambio y acepto a Cristo una vez más en mi vida; lo recibo a Él". El problema es que como ya han sido iluminados, han disfrutado del Espíritu, del don, esas mentes son más difíciles de transformar y de que crean por fe en Cristo que aquellos que solo han tenido una experiencia. Se vuelven rebeldes, aunque tuvieron cinco experiencias, y disfrutar esas experiencias no es establecer una relación con Dios.

Cuando me refiero a los religiosos, las personas piensan en los tradicionales. Y hay personas bien modernas que son bien religiosas. Ejercen la religión que no te lleva a nada. Han tenido esas cinco experiencias, pero su vida no demuestra nada porque no se basa en esa fe sincera en el Señor, ni en el interés de hacer cambios significativos gracias al proceso de salvación.

La fe en Cristo Jesús es la clave que te da la salvación.

Hay cuatro historias en la Biblia donde Jesús dice *"tu fe te ha salvado"*, sanando y declarando salvos a cuatro personas que eran menospreciadas por la iglesia de entonces.

La mujer que lavó los pies de Cristo

Era la costumbre que cuando se recibía una visita en la casa, se le recibía con un beso, se le daba agua para lavar sus pies, y se le ungía la cabeza con aceite. Jesús fue invitado por este sacerdote fariseo a cenar en su casa; sin embargo, no le recibió como debía. Podemos pensar que lo hizo para aparentar delante de sus colegas. Pero esta mujer a quien describe Lucas como pecadora, haciendo ver que era una prostituta o adúltera, había escuchado el mensaje de Jesús, y había sido impactada por el evangelio. Consternada por su pecado, no se siente digna de pararse frente a Jesús, así que lo hace en una posición en la cual no tendría contacto visual con Jesús. Su arrepentimiento es tal que comienza a llorar, y con sus lágrimas lava los pies del Maestro. Seca sus pies con su cabello, y besa los pies de Jesús.

Su agradecimiento fue tan profundo, que no tuvo miedo de enfrentarse a la sociedad, estar allí en una reunión de hombres, arriesgarse a que reconocieran quién era, lo cual tal vez le costaría la vida, pero a ella no le importó. Solamente anhelaba un momento con Jesús, y lo obtuvo, venciendo todos los obstáculos y prejuicios con los que tenía que lidiar a diario. Su hazaña fue tal que, aunque no se conoce con exactitud su nombre, se han cumplido las palabras de Jesús: "se habla de ella hasta el día de hoy".[1]

La salvación manifestada por aquella mujer se evidencia en su testimonio, en sus vivencias después de este encuentro con Jesús. Ya no se volvió a hablar de ella de forma despectiva porque evidentemente fue transformada. La Biblia registra que ella seguía y servía al Maestro junto con las otras mujeres. Podemos afirmar que su perseverancia en las enseñanzas de Jesús le ayudaron a dejar todo aquello que la separaba de Dios y que la hacía inaceptable ante los ojos de la sociedad. Su fidelidad a Jesús se basaba en lo que Él había hecho por ella, algo que nadie había logrado. Encontró su propósito en Jesús, pudo verse y sentirse perdonada a través de la mirada de Jesús

Jesús le recibió sin importar su vida pasada ni lo que se decía de ella. Ella había sido menospreciada ante los ojos de Jesús, pero Jesús no la vio de la misma forma que la vieron quienes la criticaron. Jesús la afirmó en presencia de todos, y eso la marcó. ¿De qué fue salvada? De las circunstancias de su vida, de la marginación de la sociedad, del pecado que la separaba de Dios. Su agradecimiento hacia Jesús fue tal, que nada de lo que pudo haber vivido después fue motivo para que dejara de creer en Jesús.

Un ciego marginado por la sociedad

Este hombre había vivido toda su vida en oscuridad. Toda su familia y vecinos eran testigos de su condición. Para sostenerse tenía que mendigar, pues nadie contrataba a un ciego. ¿Qué trabajo podía realizar? No le quedaba otra alternativa que mendigar, y era menospreciado porque se creía que había cometido pecado, o que sus padres habían pecado y como consecuencia su hijo nació ciego. Las personas lo menospreciaban porque era la señal del pecado. La forma en la que Jesús le sana también fue poco usual: hizo lodo con saliva y se lo untó en los ojos. El hombre tuvo que ir a lavarse; él tuvo que hacer algo para recibir la vista.

Eso nos dice que aún en medio de las circunstancias de nuestra vida, tenemos que hacer algo para recibir la respuesta que necesitamos. El hombre fue sanado, pero desconocía quién le había devuelto la vista. Lo conocía por lo que había escuchado. Fue despreciado por los religiosos porque simplemente había nacido ciego y en pecado, por lo que no consideraban que él pudiera enseñarles alguna cosa. Pero cuando recibió la vista, a él no le importó la opinión de los religiosos. Cuando conoció a Jesús le adoró, y recibió la oportunidad de recuperar también su visión espiritual. [2]

La sociedad israelita tenía un marco de referencia social muy estricto, restrictivo y exclusivo. Una persona tenía que nacer bajo las condiciones correctas, vivir perfectamente de acuerdo con la ley para ser un buen ciudadano. Incluso su cuerpo no podía tener defectos. Por eso la ceguera de este hombre era considerada como la manifestación de pecado. Ese es el origen de la pregunta: *"¿Quién pecó, este o sus padres, para que haya nacido ciego?"*. Así que desde que abrió sus ojos en este mundo, sin haber cometido alguna falta, este hombre cargaba sobre sí el estigma del pecado, y no tenía valor alguno para la sociedad.

Cuando se encuentra con Jesús, su vida cambia por completo. Jesús le otorga el privilegio de la vista, y lo declara salvo de la marca de pecado que ha cargado toda su vida. Ahora tiene acceso directo a su Padre celestial, puede ver, puede valerse por sí mismo, su oprobio ha sido quitado, es libre de todo pecado, puede comenzar a vivir una nueva vida. No le importó la opinión de los sacerdotes ni de la sociedad. Jesús le había dado la oportunidad de nacer de nuevo.

La mujer con flujo de sangre

Dos condiciones para ser marginada por la sociedad: mujer y con flujo de sangre continuo. Las mujeres eran consideradas como un objeto, propiedad primero de sus padres, y luego de su esposo. Su razón reivindicadora era la de procrear, tener hijos y mantener su casa en orden; atender a su marido fielmente. Eran castigadas si eran sorprendidas cometiendo adulterio, pero el hombre no era castigado. No podían hablar en público, y mucho menos con hombres. Cuando tenían su periodo menstrual, eran inmundas, y todo lo que tocaban o donde se sentaban o dormían era considerado inmundo por siete días. No podían presentarse delante de nadie.

Ahora imaginen qué clase de vida llevaba esta mujer que por doce años padecía de esta enfermedad. Todos le conocían. Todos le daban la espalda. No podía compartir con nadie. Había gastado todo lo que tenía tratando de encontrar una cura para su enfermedad sin éxito alguno. Su única esperanza llega cuando escucha hablar de Jesús, pero tiene un gran obstáculo: la multitud que le rodea. ¿Cómo acercarse y recibir un milagro? La única alternativa que tuvo fue esconderse, arrastrarse y secretamente tocar el borde del vestido de Jesús. Ella tenía fe en que solamente tenía que tocar el borde de sus vestidos. Ella creía que no necesitaba que Él la tocara; que si tan solo ella tocaba el borde de su vestido, recibiría su sanidad. Había una palabra en su corazón que produjo tal fe, que no hizo falta que Jesús la tocara.

Aunque se arrastró arriesgándose a ser literalmente pisoteada por la multitud, lo que ella esperaba recibir era más grande que los riesgos que tenía que asumir. Cuando tenemos una palabra que nos impulsa, los obstáculos no nos detienen para obtener nuestro milagro.[3]

Ya por ser mujer cargaba un sello de pertenecer a alguien, sin ningún otro propósito que el de procrear y atender a su marido, sus hijos y su casa. No podía salir a la calle sola, ni hablar en público sin autorización de su esposo. Como si fuera poco, estaba enferma desde hacía doce años. El flujo de su sangre no cesaba, lo cual la hacía impura e indigna de presentarse en público, ni de tocar nada ni a nadie. No era cualquier mujer, tenía dinero pero lo había gastado todo tratando de sanar su enfermedad.

Pero cuando llega Jesús, y le dice: "Tu fe te ha salvado", fue la liberación de toda una carga enorme y pesada, fue un retorno a la vida, dejó de ser invisible, dejó de ser impura e indigna. No solo podía hablar y establecer una relación con su Padre celestial y seguir al Maestro, sino que su posición ahora era de una hija de Dios. Su fe la salvó de la oscuridad en la que se arrastraba y la posicionó como una digna hija del Altísimo. ¿Qué importa lo que digan los demás, qué importa cómo la miraran ahora? Nadie podría hacerla desistir de seguir a Jesús por todo lo que le Él había devuelto.

Los diez leprosos

La lepra[4] es una enfermedad infecciosa que provoca úlceras cutáneas, daño neurológico y debilidad muscular que empeora con el tiempo. Es causada por una bacteria (*mycobacterium leprae*). Tiene un largo periodo de incubación, pero no es muy contagiosa. Los niños son más susceptibles que los adultos. Se disemina cuando el enfermo tose o estornuda. Tiene dos formas comunes: la tuberculoide y la lepromatosa. Ambas producen úlceras en la piel. La lepromatosa es la más grave; produce protuberancias e hinchazón.

En los tiempos bíblicos, los leprosos eran separados de la sociedad. Vivían aislados, fuera de la ciudad. Para ser declarados limpios tenían que presentarse delante del sacerdote, y era este quien decidía si en verdad estaban limpios y podían reunirse con su familia o no. No podían reunirse con la familia sin antes ser vistos por el sacerdote, y tenían que dar una ofrenda en agradecimiento por su sanidad. En esa época era muy poco lo que podía hacerse para sanar la lepra. El que la padecía no tenía muchas esperanzas de recuperar su vida pública ni a su familia. Es posible que muriera sin volver a reunirse con sus familiares. Era peor que estar preso.

Jesús se encuentra con diez leprosos. Ellos habían escuchado hablar de Jesús, no se dice cómo, pero lo que escucharon produjo en ellos fe de que Jesús podía sanarles. Por eso cuando le reconocen en el camino, claman por su sanidad. Jesús no les declara sanos, sino que les da la orden de que se presenten delante del sacerdote. Como conocedor de la ley, Jesús sabía que, aunque fueran sanados, si el sacerdote no les declaraba limpios no podrían reincorporarse a la sociedad. Por eso los envía al sacerdote. Pero mientras cumplen con la orden, reciben la sanidad. Solamente el leproso samaritano regresa donde Jesús a darle las gracias por la sanidad. Por este acto de gratitud recibió algo más que los otros nueve no recibieron: la salvación. Podemos ser sanados, pero solo el agradecido que regresa a quien le dio sanidad recibe salvación.[5]

Examinemos mejor esta historia. Un leproso sanado, a mitad del camino hacia el sacerdote, dio la espalda y volvió a Jesús. No llegó hasta donde estaba el sacerdote, que era el que declaraba a alguien limpio para ser aceptado por la sociedad.

De primera intención, ese samaritano obedeció la palabra de Cristo, y se puso de camino hacia el sacerdote. Pero sabía que podía recibir algo más de Jesús, y regresó. De diez sanados de lepra, el que regresó a Cristo fue declarado salvo. Al final, había diez samaritanos sanados de lepra, pero uno solo fue salvo.

Solamente el sacerdote podía declarar limpio a uno que había padecido de lepra. Este hombre que regresa a Jesús no era ni judío. Los judíos y los samaritanos eran rivales, no se trataban entre ellos, aunque eran descendientes de Abraham también. Así que él nunca recibiría tal declaración del sacerdote. De modo que al regresar donde quien le sanó y limpió, estaba reconociendo y aceptando una salvación que nunca recibiría de la sociedad en la que vivía. Él obedeció la orden de Jesús, creyó en la palabra, recibió el milagro en su cuerpo, y regresó a dar gracias por la oportunidad de reivindicación que recibió.

Tú no eres salvo porque la religión lo dice. Tú eres salvo porque obedeciste la Palabra y la creíste, y volviste para recibir todo lo que habías perdido. Ese es el poder del verdadero arrepentimiento. Es la única manera de recibir todo lo que Dios tiene para ti. Eres salvo porque Él dijo que tú eres salvo.

¿De qué se arrepintió el leproso? Seguramente de las muchas veces que renegó y maldijo por la condición en la que se encontraba. Lejos de su familia, lejos de sus hijos tal vez, no podía proveer sustento a su familia. Su futuro era morir solo y aislado de todos. Y tal vez, hasta de ser samaritano porque, aunque en algún momento su cuerpo se sanara, el sacerdote no le declararía limpio, y era lo mismo. No podría regresar a su hogar. Así que cuando recibe la orden de Jesús, la acepta sin vacilar creyendo que es una oportunidad de recuperar todo lo que había perdido. Pero en el camino se percata de que ir al sacerdote no tenía ningún significado para él. Arrepentido y sano regresa donde Jesús, y por su fe recibe la salvación que lo restaura en su hogar con todos los privilegios que le correspondían.

Cuando tienes problemas, solo uno te vio a lo lejos y cambió tu vida. A ese es que tienes que regresar. Sé capaz de darle la espalda al mundo. Tú tienes que verte limpio en el camino, y regresar a Aquel que te sanó cuando obedeciste la Palabra. Ese se llama Jesús.

> CUANDO TIENES PROBLEMAS, SOLO UNO TE VIO A LO LEJOS Y CAMBIÓ TU VIDA.

Para que la vida de este hombre cambiara, pasaron solo dos cosas: obedeció y regresó.

Obedece y regresa tú también.

¿Por qué fue salvo este hombre?

1. Se acercó. Entendió que lejos de Jesús no podía vivir; tenía que estar cerca. ¿Cómo sé que estás en proceso de transformación? Porque quieres estar cerca de los pies de Cristo.

2. Se tiró a los pies de Cristo, en adoración. Estar a los pies de Cristo significa estar a los pies de su Palabra; sentarse a oír lo que Él dice. Jesús es el único que tiene una palabra para devolverte todo lo que tú has perdido.

Los que hemos sido salvos no tenemos que clamar misericordia. Regresamos al Señor a adorar y a decir: "Gracias por lo que has hecho". Los que piden misericordia son los que están lejos de Dios. Los que hemos visto cómo Dios nos ha ido limpiando por encima del sistema, vamos a recibir su Palabra para que Él cambie nuestra vida para siempre.

Ese es el poder de la salvación.

Cuando caminas en esa seguridad de que te encontraste con Aquel que te puede declarar salvo, tú caminas con certeza, firmeza, y nada te separará del amor que es en Cristo Jesús.

Nunca te conformes con esas cinco experiencias sin entender que lo más grande es estar a los pies de Cristo; volver a Él y rendirte ante Aquel de donde proviene tu salvación.

REFLEXIONA:

1. ¿Has caído en pecado después de que aceptaste a Cristo en tu corazón?

2. Hasta este momento de la lectura, ¿has entendido el cambio transformador que puede hacer por ti la fe en Cristo, a través de la salvación?

3. ¿Qué te impide abrazar esas oportunidades de cambio para una vida mejor?

El milagro supremo

Recuerda las cuatro ocasiones cuando Jesús declaró a alguien salvo, según te presenté en el capítulo anterior: la mujer que lavó sus pies, el ciego marginado por la sociedad, la mujer con flujo de sangre, y uno entre los diez leprosos. Cada vez que Jesús declara salvo a alguien, nunca lo hace con un judío.

Estas personas, además de recibir la salvación, recibieron los milagros que buscaban. Los milagros son para que las personas crean. Pero hay personas que si no reciben el milagro, no aceptan a Cristo, porque para ellos aceptar la salvación depende de si reciben su milagro. No se dan cuenta de que es todo lo contrario. El milagro más grande y más completo es el milagro de la salvación.

> **EL MILAGRO MÁS GRANDE Y MÁS COMPLETO ES EL MILAGRO DE LA SALVACIÓN.**

Por eso, muchos pueden experimentar la misericordia de Dios, pero no todos experimentan la experiencia transformadora de la salvación. La salvación te da una orden de entrar a otra dimensión espiritual. Ese es el significado del momento cuando Jesús le dice por segunda vez al samaritano sanado de lepra: "¡Vete!".

> NO TODOS EXPERIMENTAN LA EXPERIENCIA TRANSFORMADORA DE LA SALVACIÓN.

Por eso tú no debes sujetar la experiencia de la salvación a tu sanidad, ni a la libertad financiera. Cristo sana porque recibe gloria, aun en medio de tu enfermedad. Pero no puedes sentirte como un ciudadano de segunda clase porque todavía no se haya manifestado sanidad ni libertad financiera en tu vida. Dios puede hacer un milagro, darte favor y gracia, pero el milagro puede llegar de muchas maneras.

Las palabras que dijo Cristo en algunos de sus milagros tienen significados específicos. Cuando dijo: "*Tu fe te ha salvado*", en el original griego la palabra fue "*sózó*". Otras veces dijo: "*Vete en paz (en* "Shalom", prosperidad)". Esas palabras llevan una connotación espiritual bien poderosa. La palabra "*sózó*" que Cristo le dijo al samaritano que regresó a Él se traduce como "salvo", y significa "eres libre de las penalidades del juicio mesiánico"; "eres libre de los males que obstruyen recibir la liberación mesiánica"; "hecho completo, transformado"; y "rescatado del peligro de la destrucción". Ante todo el que lo escuchó, esa palabra implicaba: "Se cancelan las penalidades en tu vida".

Las personas se molestan cuando a ti no te pasa lo que ellos creen que te debería pasar, porque piensan que deberías sufrir todas las penalidades por tus decisiones erróneas. Y cuando Dios te declara salvo, aunque no te declara "sózó" de las consecuencias, sí te libera de las penalidades. Una cosa es ser culpable, y otra es ser responsable. Solo Dios puede librarte de culpa porque eso es de la mente y el corazón.

Ser salvo empieza con:

- Salvarte de todo lo negativo que no te permite recibir la libertad de Dios en ti mismo.

- Salvarte de ti mismo, de tus pensamientos.

- Salvarte de lo que te impide recibir lo que Dios tiene para ti; lo que el Mesías vino a hacer por ti en la cruz del Calvario. A veces esos obstáculos son pensamientos culturales, malas decisiones, o antiguos hábitos, conductas y creencias.

Lo más grande de la ciudadanía del cielo es que te da el poder y la autoridad para remover todo obstáculo, y poder recibir todo lo que Dios tiene para tu vida. Nadie lo podrá impedir; ni siquiera tú mismo. Lo que Dios tiene preparado para ti va más allá de toda oposición. Dondequiera que estamos, Dios nos puede prosperar.

> ### LO QUE DIOS TIENE PREPARADO PARA TI VA MÁS ALLÁ DE TODA OPOSICIÓN.

Lee lo que dice Lucas 17:21-33:

> *Ni dirán: Helo aquí, o helo allí; porque he aquí el reino de Dios está entre vosotros. Y dijo a sus discípulos: Tiempo vendrá cuando deseréis ver uno de los días del Hijo del Hombre, y no*

lo veréis... Porque como el relámpago que al fulgurar resplandece desde un extremo del cielo hasta el otro, así también será el Hijo del Hombre en su día... Asimismo como sucedió en los días de Lot; comían, bebían, compraban, vendían, plantaban, edificaban; ... En aquel día, el que esté en la azotea, y sus bienes en casa, no descienda a tomarlos; y el que, en el campo, asimismo no vuelva atrás. Acordaos de la mujer de Lot. Todo el que procure salvar su vida, la perderá; y todo el que la pierda, la salvará.

El Reino de Dios está entre nosotros, y son muchos los que no lo reconocen ni lo reciben en toda su plenitud. Jesús nunca perdió el tiempo en tratar de convencer a personas que tú nunca podrás convencer. Él se tornó a aquellos que estaban dispuestos a recibir su Palabra, y a conocer el Reino de Dios.

La profunda consecuencia del milagro supremo

¿Por qué la salvación es el milagro supremo? La razón de este libro es que lo entiendas plenamente. No, no te equivoques. Este no es un libro común de evangelización; es un libro de transformación para que entiendas que no tienes por qué seguir viviendo como hasta hoy.

Este es el secreto de alcanzar los cambios definitivos que necesitas para empezar una vida nueva en el propósito correcto y, ¿por qué no decirlo? ... para alcanzar plenitud y verdadero poder, y asumir autoridad sobre tu vida, que fue para lo que Dios creó al hombre: para influenciar, dominar y tomar posesión de la tierra en su nombre.

Cuando tomas la decisión de aceptar a Cristo en tu corazón, es generalmente porque sientes la inquietud del Espíritu Santo. Sin embargo, no pasemos por alto que tal vez decidiste tornarte a Dios porque te sentías acorralado, vacío, inmerso en situaciones negativas que ya no podías manejar, y no podías más. Te diste cuenta de que tu única alternativa de renovación auténtica y cambio era dejar de operar en tus propias fuerzas, y acudir a Cristo por ayuda. En ese momento, a menudo de desesperación, ni cuenta te diste del alcance ilimitado de tu decisión. Tal vez lo viste solo como una salida, o tu última opción.

Pero la salvación no se queda ahí. Es limitante pensar que ese proceso es solo un momento para perdonarte y darte vida eterna. Cuando aceptas a Cristo en tu corazón, a tu salvación sigue el milagro de que el Espíritu Santo viene a morar en ti. ¿Has pensado en el poder de cambio y transformación mental que te da ese Espíritu de Dios dentro de ti? Entonces te corresponde hacer tu parte, que es muy sencilla: déjalo fluir en ti, dirigirte, guiarte, moldearte. Búscalo. Establece una relación con Él. Escúchalo por sobre todas las voces que te hablen.

En ocasiones le escucharás darte instrucciones que a tu humanidad parecerán ilógicas, ¡por supuesto! Lo espiritual es locura para el que no conoce. Pero el Espíritu ve lo que tú no ves; sabe lo que tú no sabes. Conoce el plan de Dios para ti, que es de

> NO ES EN TUS PROPIAS FUERZAS QUE PUEDES HACER CAMBIOS PROFUNDOS EN TU MENTE.

bien y no de mal para darte el fin que esperas. No es en tus propias fuerzas que puedes hacer cambios profundos en tu mente. Muchos pensamientos quedaron impresos en ti desde pequeño, y han producido hábitos que te perjudican.

El cambio se logra con la ayuda del Espíritu de Dios, que empieza con cambiarte espiritualmente. Te da fortaleza, visión, ideas, y valor de examinarte por dentro y entender lo que es indispensable que cambies en tu mente. Esta, a su vez, dirige tu conducta. Él te llevará a discernir los cambios que necesitas para dejar atrás la vida que no te gusta, aquella en la que estabas atrapado, y llegar a la vida que Dios tiene deparada para ti, y que tú presentías que era mucho más y mejor de lo que estabas viviendo. Tú sabías, en tu desesperación, que Dios debía tener una vida mejor para ti.

Los cambios significativos y profundos tienen que empezar a nivel espiritual para transformar la mente, porque el espíritu es la base de la vida. Somos seres espirituales viviendo una vida humana; es el soplo de aire de Dios lo que nos mantiene vivos. De ahí en adelante, recibes revelación, dirección y ayuda para transformar tu mente para siempre, y caminar en ese poder que se traduce en autoridad personal y espiritual, poder para influenciar tu mundo, y una fe que nadie podrá hacer tambalear.

No te pongas límites. El Espíritu Santo es un ser ilimitado. Te adelanto que este proceso requiere tu compromiso, tu tesón, tu audacia, pero cada resultado que disfrutes te confirmará tu entendimiento del gran milagro sin límites que recibiste cuando aceptaste la salvación.

Poco a poco, tus acciones demostrarán el carácter de Dios, y te gozarás de una transformación de vida y propósito que estaba muy lejos de tu imaginación.

La Biblia dice que por los frutos los conoceréis. Dios te da los dones desde que naces, y nadie te los puede quitar porque son irrevocables. Los frutos se expresan mediante una relación con el Espíritu Santo, y toma tiempo ver los frutos del Espíritu en ti. Para recibir apoyo en tu proceso, congrégate donde se congregan las águilas... donde se congregan las personas que ven las cosas de manera diferente... donde se congregan las personas que ven lo que otros no ven.

Es cierto que vas a tener momentos de rechazo. Todo no va a estar bien todo el tiempo, y va a haber un momento donde tu vida no va a tener el aspecto que tú quisieras. Es la transición. Disfruta de los mejores momentos. Cuando no veas lo que quieres ver, lo único que tienes que hacer es seguir creyendo. En ocasiones tendrás que salir corriendo, y no mirar atrás. Deja todo lo que te impida transformar tu mente. Dios tiene algo más grande para tu vida.

Gratitud y dádiva

Uno de los mejores ejemplos para explicarte el concepto de gratitud es el siguiente, aunque lo cité anteriormente con otro propósito.

Uno de los fariseos rogó a Jesús que comiese con él. Y habiendo entrado en casa del fariseo, se sentó a la mesa. Entonces una mujer de la ciudad, que era pecadora, al saber que Jesús estaba a la mesa en casa del fariseo, trajo un frasco de alabastro con perfume; y estando detrás de él a sus pies, llorando, comenzó a regar con lágrimas sus pies, y los enjugaba con sus cabellos; y besaba sus pies, y los ungía con el perfume. Cuando vio esto el fariseo que le había convidado, dijo para sí: Este, si fuera profeta, conocería quién y qué clase de mujer es la que le toca, que es pecadora. Entonces respondiendo Jesús, le dijo: Simón, una cosa tengo que decirte. Y él le dijo: Di, Maestro. Un acreedor tenía dos deudores: el uno le debía quinientos denarios, y el otro cincuenta; y no teniendo ellos con qué pagar, perdonó a ambos. Di, pues, ¿cuál de ellos le amará más? Respondiendo Simón, dijo: Pienso que aquel a quien perdonó más. Y él le dijo: Rectamente has juzgado. Y vuelto a la mujer, dijo a Simón: ¿Ves esta mujer? Entré en tu casa, y no me diste agua para mis pies; mas ésta ha regado mis pies con lágrimas, y los ha enjugado con sus cabellos. No me diste beso; mas ésta, desde que entré, no ha cesado de besar mis pies. No ungiste mi cabeza con aceite; mas ésta ha ungido con perfume mis pies. Por lo cual te digo que sus muchos pecados le son perdonados, porque amó mucho; más aquel a quien se le perdona poco, poco ama. Y a ella le dijo: Tus pecados te son perdonados. Y los que estaban juntamente sentados a la mesa, comenzaron a decir entre sí: ¿Quién es éste, que también perdona pecados? Pero él dijo a la mujer: Tu fe te ha salvado, ve en paz. (Lucas 7:36-50)

Simón criticó a la única persona allí que había hecho algo por Cristo. Hasta se atrevió a juzgar al Maestro. Fue capaz de pensar: *"Si fuera profeta, Él sabría".* La religión trata de impedir que las personas agradecidas le den a Dios porque juzgan cómo Dios puede recibir algo de alguien como aquella mujer.

Dios va a recibir de todo aquel que esté dispuesto a dar lo que quiera para su gloria, y Él no está esperando nada. Dios recibe de las personas en base a la adoración y la gratitud por lo que Dios ha hecho en sus vidas. La salvación de esta mujer vino por un acto de amor de dar algo de ella, y ponerlo a los pies de Cristo.

Jesús le dijo a la mujer: *"Tus pecados te han sido perdonados. Tu fe te ha salvado. Vete en paz".* Le dijo: "Vete en *eirene". Eirene* es "un estado de tranquilidad y de paz interior como nunca antes". La sociedad la marcaba como alguien que no valía nada, y ella necesitaba la libertad del alma.

Jesús quiere recibir de ti lo que estés dispuesto a darle. La presión de otros sobre ti viene por lo que tú das y ellos no están dispuestos a dar. Tu dádiva le pone presión a quien sabe que tiene que hacer algo, y no lo ha hecho. En el mundo, eso te ocurre en el trabajo, en las relaciones, y dondequiera que tú estés dispuesto a dar lo que otros no dan.

Hay personas que le ruegan al Señor que entre a su casa, pero cuando entra, no le dan nada. ¿Qué le has dado tú? Eso depende de tu conciencia de amor. Tu dádiva depende de tu amor, y tu amor depende de saber lo que Dios ha hecho por ti.

La mujer del frasco de perfume abrió la puerta a las mujeres. Ella debía estar diciendo: "Encontré a un hombre que me libera, encontré a un hombre que no me tortura" porque la mujer, después del Génesis, siempre ha recibido la culpa. Pero encontró a un Adán que la libraba de toda culpa… un hombre que podía hacerla vivir en un estado de paz, en un estado de gozo donde podía caminar tranquila. Aquella mujer estaba perdonada, liberada, y todavía Cristo no había llegado a la cruz de Calvario. ¡Cuánto más lo estamos nosotros hoy, que ya el

> **TU DÁDIVA DEPENDE DE TU AMOR, Y TU AMOR DEPENDE DE SABER LO QUE DIOS HA HECHO POR TI.**

sacrificio fue hecho! Podemos darle gracias a Dios que podemos caminar tranquilos, aunque nos vean como pecadores.

Tú puedes caminar tranquilo porque la sangre de Cristo ha sido derramada sobre tu vida. Tú has creído. ¿Cómo sabes que eso es verdad? De la misma manera que Cristo lo sabía de aquella mujer: por su acto de amor y porque ella había aceptado el perdón.

> *Aconteció después, que Jesús iba por todas las ciudades y aldeas, predicando y anunciando el evangelio del reino de Dios, y los doce con él, y algunas mujeres que habían sido sanadas de espíritus malos y de enfermedades: María, que se llamaba Magdalena, de la que habían salido siete demonios, Juana, mujer de Chuza intendente de Herodes, y Susana, y otras muchas que le servían de sus bienes.* (Lucas 8:1-3)

Las mujeres habían sido sanadas de *"espíritus malos"*. Ellos representan todos los pensamientos que te acosan. "Espíritus malos" es todo aquello que sale de tu interior, que te ha perseguido, que te ha torturado toda tu vida; que hace que vivas una vida de dolor. Esas mujeres fueron liberadas. Igual que en esas mujeres, hay algo más que perturba la vida de una persona, y son esos pensamientos que te siguen toda tu vida, te atan, te condenan, se te aparecen una y otra vez. Tú buscas un descanso de tiempo en tiempo, pero siguen dentro de ti.

Pero cuando recibes la salvación en Cristo, todo aquello que ha estado obstruyendo tu libertad, todo aquello que te ha torturado tiene que desaparecer de tu vida, de tal manera que puedas servir a Dios con todo lo que tienes. Esa es parte de la transformación de tu mente: abandonar esos pensamientos por nuevos pensamientos que te construyan la nueva vida de Dios para ti.

¿Cuál es la experiencia de la salvación? ¿Dónde está el poder de la salvación? En tu actitud de servir a Dios. Algo te dice que tienes que servir y ayudar. Agradecer a Dios se demuestra con los bienes porque "... *donde esté vuestro tesoro, allí estará también vuestro corazón*". (Mateo 6:21)

¿Cómo acepta Jesús un dinero de un pobre? ¿Qué necesidad tiene Dios de lo que hizo aquella mujer? ¿Necesitaba Dios que esas mujeres dieran dinero? ¿Por qué un Dios tan grande acepta eso?

1. Para demostrar a sus discípulos y a todos los que lo vieran que siempre va a haber alguien agradecido por lo que Él ha hecho.

2. Para demostrar a sus mismos discípulos que si ellos hacían la obra del ministerio, Dios se iba a encargar de traer personas que sirvieran con sus bienes. Cuando tú aprendes a servir a Dios, van a venir a tu vida personas que te van a bendecir.

3. Dios no iba a detener a estas mujeres que traían esos bienes porque eso es un acto de honra y de devoción a Dios. ¿Por qué Dios lo acepta? Porque ¿qué más le puede dar el hombre a Dios? ¿Qué más le podían dar esas mujeres? ¿Qué más puedes tú darle a alguien que lo tiene todo?

¿Cuál es el mejor regalo que puedes recibir? El que te dice que la persona pensó en ti. Todo lo que tú haces para Dios demuestra si tú piensas en Él verdaderamente o no. Tus acciones demuestran si realmente piensas en lo que Él hizo por ti en la cruz del Calvario.

Cada ofrenda le dice a Él que tú escogiste entre comprarte algo, y honrar a Dios.

¿Cómo sabes que esas mujeres fueron salvas?

1. Su dádiva. No hay otra cosa que demuestre el agradecimiento más que la dádiva.

2. Siguieron a Cristo. Perseveraron a través de todo su caminar, no por posición ni títulos; solo por caminar con Cristo y servirle. El que sirve porque está agradecido permanece sin necesidad de que nadie lo mencione. Permanece porque sabe que lo que Dios hizo es más que suficiente para vivir y caminar toda la vida sirviéndole a Él.

3. Son las únicas que vemos en la cruz y en la tumba. Porque todo el que te dice que te ama y no te ama, se va cuando estás en problemas.

Los discípulos desaparecieron. Las mujeres estuvieron allí. María Magdalena estaba a los pies de la cruz. Buscó el cuerpo de Jesús, y lo ungió con las mejores especias. Por eso Cristo se les apareció primero a ellas. Dios no se les aparece a aquellos que no están dispuestos a llegar hasta el final, y dar lo mejor desde el principio hasta el final. Esos son los que le ven en el momento de gloria.

Sirve a Dios con todos tus talentos. Sírvele al que te ha hecho vivir en tranquilidad. Exprésale tu gratitud, y ofrece tus dádivas a Aquel que te dio el milagro de la salvación y, con eso, la oportunidad de hacer una *metanoia*, un cambio de mentalidad, de vida y de propósito, para recibir lo que Dios tiene para ti. Él resucitó, y tu mente y tu vida pueden transformarse para siempre.

Reflexión final

El milagro de la salvación te da una oportunidad única para empezar una vida diferente que alcance el propósito de Dios contigo. Niégate a vivir los próximos años de tu vida como has vivido hasta hoy. Llénate de fe en Cristo, revisa lo que admites que debe ser cambiado en tu vida, y entrégate a un proceso de salvación integral, completa, que te regale el poder de una mente transformada.

Conclusión

Autoridad personal, empoderamiento para influenciar y fe inmutable son los tres resultados inevitables de determinarte a transformar tu mente, tu vida y tu destino; a hacer una verdadera *metanoia*. Esfuérzate y sé valiente. Comprométete con Dios, con tu familia y contigo mismo a alcanzar la vida que mereces. Te facilito este plan para guiarte en tu proceso, orando por ti y creyendo que lograrás los cambios definitivos y radicales que te llevarán a todo lo mejor que Dios dispuso para ti desde antes de nacer.

EL PLAN PARA TRANSFORMAR TU MENTE

I. Define tu estado actual.

    a. ¿Quién eres?

    b. Tu estado civil.

    c. ¿Tienes hijos? Si tienes, ¿qué edades tienen?

    d. ¿En qué te desempeñas?

II. El momento de tomar decisiones

    a. ¿Qué dificultades tienes en estos momentos? Enumera cada situación, y contesta las siguientes preguntas para cada una.

b. ¿Cómo llegaste a esta situación?

c. ¿Cuáles son tus creencias: en qué crees y en quién crees?

d. ¿Quiénes han influenciado en tu conducta y en lo que crees?

e. Enumera tus hábitos (positivos y negativos).

f. ¿Necesitas cambiar tus circunstancias? ¿Por qué?

III. Experiencia de salvación

a. De acuerdo a lo que hemos aprendido en la lectura, contesta la siguiente pregunta: ¿Has aceptado a Cristo como tu Salvador y Señor? Si no lo has hecho, y aunque lo hayas hecho en un tiempo atrás, repite esta oración:

"Señor Jesús, en esta hora te recibo como mi Señor y Salvador, perdona mis pecados. Reconozco que eres el Hijo de Dios, que diste tu vida por mí en la cruz, y resucitaste. Declaro que soy una nueva criatura en Cristo Jesús, amén".

b. Busca un lugar donde puedas congregarte y ser discipulado. Importante: no hay iglesias perfectas. Todas están compuestas por seres humanos imperfectos, que cometen errores a diario, pero que están tratando de vivir de manera que Dios se agrade de ellos. Con esto en mente, recuerda que como en todo lugar donde hay dos o más personas, habrá desacuerdos y puntos de vista diferentes. Te exhorto a que mantengas tu mirada y enfoque hacia lo que Dios quiere de ti y para ti. Aún a pesar de la humanidad de los líderes, son personas a las que Dios ha puesto para alimentar tu vida espiritual. Mantente firme en la Palabra, y busca de Dios en oración.

c. Obtén una Biblia que te sea fácil de leer, y tenga concordancia por temas.

IV. Desarrolla una relación con Dios

a. Identifica los hábitos que pueden alejarte de tener una relación sincera con Dios.

b. Identifica los nuevos hábitos que te acerquen a Dios, y cancela los que te alejan. Es posible que haya cosas en tu vida que te resulten difíciles de alejar, pero no te abrumes con eso. Deja que el Espíritu Santo vaya trabajando en esas áreas, y ocúpate en las que tú sí puedes manejar. Por ejemplo, si invertías tiempo y dinero en bebidas alcohólicas, ahora ese tiempo lo puedes dedicar a orar, estudiar la Biblia y estar con tu familia. El dinero que invertías en las bebidas, úsalo para ahorrar, comprar lo que haga falta en la casa y pagar las cuentas.

c. Es importante que identifiques un lugar en tu casa donde puedas estar a solas con Dios para orar y estudiar la Biblia.

d. Identifica en tu agenda cuánto tiempo y qué días dedicarás para orar. No tiene que ser una hora o un día. Identifica aquellos tiempos en los que puedes estar a solas un momento, diez o quince minutos. No tienes que estar de rodillas. Puedes aprovechar el tiempo que transcurre mientras conduces tu vehículo, mientras realizas tareas en el hogar (lavas, friegas, planchas, recoges, limpias el patio, etc.).

e. Recuerda comprometerte a asistir al templo. Es importante congregarte para recibir la Palabra que te ayudará a crecer espiritualmente, compartir con los hermanos en la fe, y aprender a vivir una vida que agrada a Dios. No tienes que asistir todos los días de la semana, pero haz lo mejor que puedas. Si solo puedes asistir un día, compromete ese día como el día en que asistirás al templo a dar gracias por todo lo que Dios ha hecho en tu vida.

V.   Cómo evitar caer o recaer

a.   No es fácil comenzar una vida que agrada a Dios. Tendrás ocasiones en las que querrás volver a hacer cosas que te alejan de Dios. Es posible que en algún momento lo hagas. Lo importante es cuán rápido regresas a Dios y reconoces que fuiste débil y te propongas comenzar otra vez. Dios no te va a desechar por ese momento. Él te comprende y está dispuesto a recibirte de nuevo.

b.   Es importante identificar lugares, personas, hábitos, costumbres, todo aquello que puede inducirte a dejar esta nueva vida.

c.   Será un poco difícil decirles a personas que has conocido y con quienes has compartido por mucho tiempo que ya no vas a compartir más con ellos. Pero hazlo. Habrá quien te respete y acepte tu decisión, otros quizá no lo reciban igual, pero no seas grosero con ellos. Sé amable y pídele a Dios que ponga en tus labios las palabras correctas para hablarles con amor. Te preguntarán por qué lo haces. Tu respuesta debería ser: "Porque he decidido seguir a Cristo, y quiero vivir de una manera diferente que agrade primeramente a Dios, y ser más responsable con mi familia".

d.   Identifica personas en la congregación con las que te resulte fácil y cómodo comunicarte. Haz amigos que se conviertan en compañeros de oración. Esto te ayudará a dar cuentas y a tener a alguien con quien compartir tus experiencias en esta nueva vida; personas que te ayudarán a crecer en tu vida espiritual y diaria.

e. Identifica lo que hablas y cómo lo expresas. Cambia tus confesiones. Declara victoria, salud y prosperidad en tu vida. La prosperidad no es en términos financieros únicamente. La prosperidad tiene la finalidad de que este año, esta época, termine mejor que la anterior. Proponte mejorar cada área de tu vida, y que el año termine en mejores condiciones que como lo iniciaste.

f. Identifica las promesas de Dios contenidas en la Biblia, y aprende a reclamarlas para ti y para tu familia.

g. Familiarízate con la concordancia en las páginas posteriores de tu Biblia, para que aprendas a encontrar los versículos bíblicos por temas. Eso te ayudará a orar en específico por lo que necesitas o deseas orar, declarando la Palabra. Hay también un libro que se titula "El poder creativo de Dios", de Charles Capp. Es el resumen de tres libros en uno. Contiene muchas citas bíblicas agrupadas por temas que puedes usar para orar y declarar esa Palabra sobre tu vida y las personas que oras.

VI. Influencia a otros

a. Las personas que recibirán el impacto más directo del cambio que estás produciendo en tu vida es tu familia. Así que es importante definir cómo estaban las relaciones familiares antes de tu decisión de aceptar tu salvación. El inciso número dos te puede ayudar a visualizar esta parte. Basado en eso, identifica las áreas que necesitan atención, y cuál es la prioridad para que puedas comenzar a trabajar en ella.

b. Los más susceptibles son los niños. Si los hay, identifica cuál era tu relación con ellos, y establece metas a lograr para cambiar y mejorar la situación.

c. Las relaciones conyugales son importantes. Identifica en qué estatus se encuentran. Busca orientación en consejería con tu pastor o algún personal capacitado para ello. Aunque existen muchos profesionales capaces, procura que tengan un enfoque cristocéntrico.

d. Lo que hagas tendrá efecto en otras personas. No importa que la puerta esté cerrada, todo lo que haces aun en lo secreto tiene efecto en público. No lo olvides; tienes personas a tu alrededor que están observándote. Procura que los cambios en tu vida se produzcan desde adentro hacia afuera. Te tomará algún tiempo, pero ve con paso firme sabiendo que lo lograrás en el nombre de Jesús. No estás solo. El Espíritu Santo es tu guía, tu maestro, tu apoyo, tu Consolador. Todo lo que Dios anhela es que *"… seas prosperado en todas las cosas… así como prospera tu alma"* (3 Juan 1:2).

VII. Tu llamado

a. Dios te ha llamado porque hay una tarea que como tú la realizas, nadie la hace. Puedes llegar a personas que otros no pueden. Ten presente que hay un propósito de Dios con tu vida. Todo lo que has vivido te ha preparado, te ha capacitado para realizar una tarea. Sin importar cuál sea, debes estar alerta y contribuir donde estás, en todo lo que puedas.

b. Identifica tus habilidades, talentos, dones.

c. Identifica lo que más te gusta hacer.

d. Hay algo que te agarra el corazón y no te suelta, te apasiona. Cuando te toma Dios, toma tu corazón y tu pasión, y te llama incesantemente. ¡Responde! Ese es tu llamado.

VIII. Qué debes esperar

Cobrar conciencia de que aceptar a Cristo y recibir el milagro de la salvación no se limita a recibir el perdón y la vida eterna te dará incentivo y entusiasmo para renovarte. Recuerda que el Espíritu Santo mora en ti desde ese momento, y te ayudará durante tu proceso de cambio. Junto a Él, guiado e inspirado por Él, descubrirás, y en ocasiones te sorprenderá, un poder que te dará revelación sobre tus decisiones y tu camino. Verás por ti mismo que el poder de una mente transformada empieza en tu espíritu, pero va alcanzando todas las áreas de tu vida: salud, acciones, decisiones, vida profesional o laboral, matrimonio, hijos, relaciones... ¡todo!

Notas

Introducción

1. C.G. Jung, Symbols of Transformation. Consultado en línea: http://www.goodreads.com/quotes/tag/metanoia ; http://www.biography.com/people/carl-jung-9359134

2. Metanoia: To Think Anew [A letter to a friend, dated 1946] Unknown Binding – 1975 William James.

3. Consultado en línea: https://www.collinsdictionary.com; https://www.merriam-webster.com

   "Metanoia", consultado en línea: https://en.wikipedia.org/wiki/Metanoia_(theology).

   https://en.wikipedia.org/wiki/William_James; http://www.metanoia.ac.uk/about-us/why- choose-metanoia/.

Capítulo 1

1. Ver Mateo 5:20; 15:1; 23:2, 13-15, 23, 25, 27, 29; Lucas 11:39, 42-44, 53; 20:27; Marcos 12:18; Hechos 23:6-9.

2. Ver Hechos 7:58; 9:1-19; 13:2-14:28; 2 Corintios 6:5; 11:23-24.

3. Ver Mateo 10:4; 26:14, 25, 47: 27:3; Marcos 14:10-11; Lucas 22:3,47-48; Juan 6:71; 12:4; 13:2, 21, 26, 29; 18:2,3,5.

4. Ver Éxodo 2:1-10; 3:1-4:1-17; capítulos 7 al 11.

5. Ver Génesis 12 al 17; 18:1-25:10; Hebreos 11:8-16; Santiago 2:21-23.

6. Ver Hechos 7:58-8:3; 9:1,2; 21:39; 22:3,28; 24:14-16; 26:6, 7, 9; 2 Corintios 11:22.

7. Ver Números 6:1-21; Lucas 1:15; 3:1, 2; 11:1; Juan 1:32-34; Mateo 11:10:19.

8. Ver Efesios 1:3.

Capítulo 2

1. Ver 1 Samuel 16 – 1 Reyes 2:11; 1 Crónicas 11-29; 2 Samuel 5:4; 1 Samuel 8,9; 10:8, 9, 27; 13:13-14; 14:47,48; 15:21,27,28; 18:10,11,21; 19:1,11; Jueces 6:5.

2. Ver 2 Samuel 7:13; 12:24-25; 1 Reyes 7:14; 4:20,32; 1 Crónicas 7:4-6; 28:11-19; Salmos 72, 127; Proverbios 1:1; Eclesiastés 1:1,12.

3. Mateo 6:10.

4. Juan 8:28, paráfrasis del autor.

5. Ver Isaías 44:22; Jeremías 3:1, 4:1.

6. Ver Génesis 4; Hebreos 11:4.

7. 1 Corintios 15:55.

Capítulo 3

1. Ver Éxodo 16:18-36.

2. Ver Mateo 9:18-26; Marcos 5:25-34; Lucas 8:40-56.

3. Ver Nehemías 3:1-7:4.

4. Ver 1 Samuel 15:9,11-30; 31; 2 Samuel 12:13-16,22-23; 1 Reyes 2:10-1.

Capítulo 4

1. Ver Génesis 2:20; 3; 4:25; 5:2; 1 Corintios 1:1.

Capítulo 5

1. Ver Éxodo 31:3; Jueces 3:10; 6:34; 11:29; 1 Samuel 16:13; Mateo 18:19; Juan 14:17, 26; 15:26; 16:8,13,15; Hechos 1:16; 8:29; 2 Corintios 13:14; 2 Pedro 1:21.

Capítulo 6

1. Ver Éxodo 12:15-20, 46; Levítico 23:4-8; Juan 19:36.

2. Ver Mateo 17:1; 26:37,73; Marcos 1:16-20; 9:2; 14:33; Lucas 5:1-11; 9:28; Juan 1:44,42; 21:15-17; Hechos 2;8;10; 15:14; Efesios 2:20; 1 Pedro 2:4,5; 1 Pedro 1:1.

Capítulo 7

1. Ver Génesis 12; 16:3.4-6; 21:8.9.14; 22:16-18.

Capítulo 8

1. Ver Amós 7:12-15.

Capítulo 9

1. Ver Hechos 7:1,58; 8:1-3; 9; 13:1,2; 22:6-16, 20; 26:12-18.

Capítulo 10

1. Mateo 3:16-17.

2. Ver Lucas 1:5-25; Marcos 1:9-11; Mateo 3:1-17; Lucas 4:1-12.

3. Proverbios 22:6.

Capítulo 11

1. Ver Éxodo 19:18; 20:18; 32; 34:29-35; Deuteronomio 5:23; 9:15.

2. Ver Éxodo 25:10-22; 26:34; 30:6; 40:20; Levítico 16:1,2,15; Números 10:33; Deuteronomio 4:12; 10:2-5; Éxodo 25-40; Números 7:3; Josué 4:19; 18:1; 1 Samuel 21:1; 2 Samuel 6:17; 1 Crónicas 16:39; 21:29.

3. Ver 2 Samuel 24:24; 1 Crónicas 21:24.

4. Ver Génesis 4; 8:20; Éxodo 17:15; Josué 8:30, 31; 2 Samuel 24:23-25.

Capítulo 12

1. Ver Hebreos 12:2.

Capítulo 13

1. Ver Mateo 26:6-13; Marcos 14:3-9; Lucas 7:36-50; Juan 12:1-8.

2. Ver Juan 9:1-12.

3. Ver Génesis 25:6; Éxodo 21:7-11; Levítico 15:25-33; Deuteronomio 20:7-21; 21:10-14; Mateo 24:41; Marcos 5:21-43; Lucas 8:43-48; 1 Corintios 11:14-16; 14:34.

4. Lepra, Biblioteca Nacional de Medicina de los Estados Unidos, *Medlineplus*, última revisión 9/10/2015, consultado en línea 5/19/2017, http://medlineplus.gov/spanish/ency/article/001347.htm.

5. Ver Lucas 17:11-19.